Herbert Frei

Wunderwelt unter Wasser

Heimische Fische vor der Kamera

Bechtermünz

Genehmigte Lizenzausgabe für Weltbild Verlag GmbH, Augsburg 2000

Umschlaggestaltung: ARTelier Hofstätter, München/Stephanie Isele, Augsburg
Umschlagmotiv: Okapia, Frankfurt
Gesamtherstellung: New Interlitho Italia, Milano
Printed in Italy
ISBN 3-8289-1597-3

Inhalt

- Für Helma, wen sonst -

Vorwort

Die Welt in unseren Binnengewässern ist den meisten Menschen fremder als die Oberfläche des Mondes. Gewässer sind für sie in erster Linie schnelle Abflußrinnen oder billige Straßen. Wie ein geschlossener Vorhang trennt die Wasseroberfläche zwei fremde Welten.

Der Taucher und Unterwasser-Fotograf Herbert Frei öffnet den Vorhang und gibt die Bühne frei für ein geheimnisvolles, manchmal unheimliches, immer phantastisches Schauspiel. Dieses Unterwasser-Theater ist spannender als ein Tatort, dramatischer als das Endspiel der Fußball-Weltmeisterschaft. Wer hätte je Saiblingen beim Hochzeitstanz zugeschaut, wer je ein Hechtweibchen mit sechs Liebhabern belauscht, wer hat Waller im Ruhebett gesehen, Brassen, wie sie durch den Schlamm tauchen, oder Zander, die Hechte verschlingen? Bilder, die man mit Fug und Recht einmalig nennen darf, weil sie es sind.

Das gesamte Fischleben bringt Herbert Frei auf die Bühne, von der Geburt bis zum Tod. Wir sehen Fische allein und im Schwarm, im Kampf, im Liebesspiel, bei der Nahrungssuche und beim Fressen, auf der Wanderung und im Unterstand.

Insgesamt 43 Darsteller treten auf der Unterwasser-Bühne auf, darunter viele Fischarten, die noch niemals unter Wasser fotografiert wurden. Die passende Kulisse bilden ergänzende Fotos von Unterwasser-Landschaften, Pflanzen, Amphibien und Wasserinsekten.

Höchstes Lob verdient Herbert Frei für seine Fotos, vergessen wir daneben die Texte nicht. Wie die Bilder zeugen sie von nie erlahmender Begeisterungsfähigkeit und liebevoller Beobachtungsgabe.

Herbert Frei öffnet uns mit diesem Buch die Augen für einen Lebensraum, der an Schönheit seinesgleichen sucht. Alle, die das Wasser und seine Wesen lieben, schulden ihm dafür Dank.

Karl Koch, Verlagsleiter BLINKER
Hamburg, den 15. März 1996

DIE WELT DER SÜSSWASSERTIERE

In den meisten Menschen erweckt die Welt unter Wasser eine seltsame Beklemmung, gemischt aus Schaudern und Neugier. Die Lebensformen sind für menschliche Augen phantastisch, manchmal unheimlich und geheimnisvoll. Fische sehen das wahrscheinlich ganz anders. Ihre Fähigkeit, sich im Wasser - wie Vögel in der Luft - dreidimensional zu bewegen, paßt sie perfekt diesem Lebensraum an. Lauern, jagen, flüchten und sich verstecken gehört dort ebenso zum Alltag wie in der Überwasserwelt. Ob Fische eine Unterwasserlandschaft so bewußt erkennen wie der Mensch, muß angezweifelt werden. Instinktmäßig fühlen sie aber sofort, wo für sie günstige Unterstände, Schlupflöcher, Ruheplätze oder gute Freßmöglichkeiten bestehen.

Aus dieser Perspektive sehen Fische einen Seerosenwald. Ein Traum aus Blüten und Blättern. Oben, re.: Ein markantes Gesicht, das nur wenige Menschen je gesehen haben. Zingel gehören zu den seltensten Süßwasserfischen in Europa.

DER LEBENSRAUM

Mit Ausnahme der Wanderformen und Schwarmfische besiedeln Fische oft erstaunlich kleine Lebensräume auch in sehr großen Seen, sind vorwiegend ortstreu und nehmen nur in Ausnahmefällen größere Aktionsräume von mehr als 200 Meter in Beschlag. Ein Großteil der Fische meidet aus gutem Grund die Freiwasserzone, denn dort drohen unwägbare Gefahren, ist die Nahrungsaufnahme zudem schwieriger, fehlen geeignete Schutzräume. Ausnahmen sind größere Schwärme - und Fische, die solche Schwärme jagen. Wie die Seeforelle.

Ebenso zieht es fast alle Fische zum Licht. Selten trifft man in über 30 Meter Tiefe noch auf reges Leben. Renkenschwärme und Quappen sind Ausnahmen von dieser Regel. Hat das Tiefenwasser eines Sees kaum noch Sauerstoff, ziehen sich selbst die widerstandsfähigen Aale in höhere Regionen zurück. Verendete Tiere, die in diesen Bereich absinken, bleiben jahrelang von Fraßspuren unbehelligt, lediglich Pilze besiedeln den Kadaver. Einmal fand ich in einem großen See in 45 Meter Tiefe den Leichnam eines Ertrunkenen - eine schaurige Begegnung! Seit über zwei Jahren lag er wie ein Schlafender unter einer riesigen Felswand. Weder Aale noch Waller hatten sich an dem Unglücklichen vergriffen...

Oben: Urzeitlandschaft in einem See. Die braunen Klumpen sind der Laich von Fröschen. Rechts: Streber bevorzugen als Lebensraum tiefe Gumpen und die Fahrrinnen in Flüssen. Sie sind so selten geworden, daß auch der Autor nur wenige Exemplare in seinem Leben gesehen hat. Unten: Schwimmende Rarität, Steingreßling in der Donau. Biologie und Verbreitung sind noch weitgehend ungeklärt.

IM WÜRGEGRIFF DER LANDWIRTSCHAFT

Nach meinen persönlichen Beobachtungen erstickt die Süßwasserwelt in erster Linie am ungezügelten Nitrat- und Phosphateintrag durch die Landwirtschaft. Regenfälle schwemmen die Düngemittel (auch Gülle!) sowohl ins Grundwasser als auch in den nächsten Bach oder See. Aus den kommunalen Abwässern kommen die Phosphate aus den Waschmitteln hinzu - so entsteht eine tückische Mixtur. Selbst Quelltöpfe speien diese Soße aus den unterirdischen Zuläufen, das Wasser wird trüber, algenreicher, Pflanzen ersticken am Algenwachstum und sterben ab. Inwieweit sich große Badeanstalten schädlich auswirken, ist noch unerforscht. Wer aber im Badebereich den Seegrund anschaut, entdeckt eine tote Schlammwüste, in der weder Tiere noch Pflanzen existieren können. Zwar nur in diesem Bereich, aber es ist trotzdem ein trostloser Anblick.
Kann sich die Tier- und Pflanzenwelt mit den von Menschen verursachten Eingriffen arrangieren? Sie kann, aber man muß ihr Zeit lassen. Blechdosen und Hohlblocksteine werden von Krebsen besiedelt, Aale ziehen sich in versunkene Gummistiefel zurück, Quappen machen es sich auf Badeschlappen bequem, Hechte stehen im Innenraum von abgesoffenen Autos, Rotaugen ruhen nachts in versenkten LKW-Reifen.

Forellenland! In eiskalten und glasklaren Hochgebirgsseen fühlen sich Salmoniden am wohlsten.

DIE KRAFT DER SONNENSTRAHLEN

Licht bedeutet Leben für Pflanze und Tier. Wasserpflanzen können nur existieren, wenn eine gewisse Helligkeit vorhanden ist. Auch in sehr klaren Gewässern endet die Flora in spätestens 15 Meter Tiefe, eher früher. So umfaßt die eigentliche Lebenszone nur einen äußerst schmalen Ufergürtel. Wird dieser unbewohnbar, kippt der See aus dem Gleichgewicht. Taucher, Angler und andere Wassersportler sind aber nicht die Verursacher gestörter Unterwasserwelten.
Gedankenlos wird Bauschutt ins Wasser gekippt und alles Leben unter Geröll begraben. Noch immer benutzen gewissenlose Zeitgenossen ein günstig gelegenes Gewässer als Müllkippe, versenken Lack- und Ölkanister, werfen Kunststofftüten und Joghurtbecher nach dem Picknick ins Wasser. Doch auch dies könnte ein großer und ökologisch gesunder See teilweise noch verkraften, wäre da nicht die gleichzeitige Überdüngung durch die umliegenden Felder und die große Badeanstalt.

WAS FISCHE SEHEN

Das Sehvermögen vieler Fische ist erheblich besser als das der Menschen. Müßten wir wie Forellen von Anflugnahrung leben - es wäre ein kärgliches Leben. Wie es eine Forelle schafft, im sprudelnden Wasser eine an der Oberfläche treibende oder dicht darüber hinwegfliegenden Mücke zu orten und zu fangen, ist schon ein kleines Wunder. Schließlich muß sie dabei auch die Lichtbrechung an der Grenzschicht zwischen Wasser und Luft berücksichtigen.
Ebenso mysteriös und mit vielen Fragezeichen behaftet ist das Farbsehen der Fische. Weshalb etliche Arten auf rote Angelköder besonders gut ansprechen, obwohl die Farbe Rot nach physikalischen Gesetzen ab fünf Meter Tiefe nicht mehr erkennbar sein dürfte, ist immer noch rätselhaft. Können Fische Farben riechen oder gar die Wärme einer Farbe spüren? Wir wissen es nicht.

GEHEIMNISSE & RÄTSEL

Wie macht es der Krebs, daß seine Scheren nachwachsen, wenn er sie im Kampf mit einem Rivalen verliert? Keiner weiß es! Ungeklärt ist auch die Frage, ob der Wasserskorpion wirklich fliegen kann oder nicht. Wie finden Kröten ihr Geburtsgewässer wieder, auch wenn man sie kilometerweit davon entfernt aussetzt? Weshalb kann ein Fischschwarm in Sekundenbruchteilen seine Richtung ändern, ohne daß die Tiere zusammenstoßen? Obwohl Seesaiblinge physiologisch zu den Fischfressern zählen, ernähren sie sich bevorzugt von Plankton, wenn es in genügender Menge vorhanden ist. Doch bis heute kennt man weder ihre Fangtechnik, noch weiß man, weshalb sie die Schwebnahrung der „fischigen" vorziehen. Denn auf ausgeworfene Blinker (künstlicher Köder aus Metall, der einen Fisch imitiert) reagieren sie zum Teil mit agressiven Schnappreflexen.
Rätsel einer schweigenden Welt, die der Mensch nur mit Hilfsgeräten aufsuchen kann, und in der er immer ein Fremder bleiben wird.

FORELLEN DIE PFEILSCHNELLEN KRAFTPAKETE

Scheinbar ohne Kraftanstrengung stehen sie in der stärksten Strömung, stunden- und tagelang. In Wahrheit aber suchen sie sich eine Bodenmulde oder den Strömungsschatten eines Steins, oft lauern sie auch direkt an der Strömungskante. Kein Insekt an der Wasseroberfläche entgeht ihren flinken Augen, sie sehen den Angler am Ufer und die Elritze im Schotter, sind allzeit bereit zu jagen, auch die eigene Brut. Forellen gehören nicht nur zu den äußerlich attraktivsten Fischen unserer Gewässer, ihre Lebensweise birgt ebenso Rätsel und Überraschungen.

FAMILIE MIT PEP

Im deutschsprachigen Raum kommen vier Forellenarten vor:

- Die Bachforelle (Salmo trutta forma fario)
- Regenbogenforelle (Salmo gairdneri)
- Seeforelle (Salmo trutta forma lacustris)
- Meerforelle (Salmo trutta formatrutta)

Wo Forellen leben, kann man das Süßwasser fast immer bedenkenlos trinken. Salmo trutta gehört in dieser Beziehung zu den empfindlichsten Fischen unserer Heimat. Bereits ab einem Säurewert von pH 9,5 stirbt die Forelle. Saure Gewässer sind ihr Tod. Ebenso verendet sie, wenn Seen oder Bäche durch landwirtschaftliche Überdüngung (Jauche!) geschädigt werden. Abwehrmechanismen gegen Umweltgifte hat dieser Fisch nicht. Wohl deshalb werden Forellen in vielen Wasserwerken zur Trinkwasserbeobachtung gehalten. Bereits geringste Veränderungen werden von ihnen registriert. Kurz gesagt, Forellen sind ideale Bio-Indikatoren, also Gradmesser für Wasserverschmutzung und Sauerstoffmangel.

Zu schaffen macht den flinken Salmoniden immer mehr die unkontrollierte Einleitung von Hormonsubstanzen (zum Beispiel Östrogene), die insbesondere bei der hochsensiblen Bachforelle den Sexualhaushalt durcheinanderbringen können. Die männlichen Tiere entwickeln dann eindeutige weibliche Körpermerkmale. Die Fische stellen die Fortpflanzung ein, nachdem die Milchner zu transsexuellen, zeugungsunfähigen Pseudoweibchen geworden sind.

Geht es der Bachforelle an den Kragen, stirbt auch die Flußperlmuschel. Denn deren Larven (Glochidien genannt) suchen sich exklusiv nur die edle Salmo trutta f. fario als Zwischenwirt aus, wo sie ein Parasitendasein an deren Kiemen absolvieren müssen, um zur endgültigen Jungmuschel heranzureifen.

Sorgen bereitet vielen Naturfreunden zudem die unbedachte und rücksichtslose Begradigung vieler Wildbäche in den vergangenen Jahren, wodurch der Lebensraum der Bachforelle immer mehr eingeengt wurde. Auch die Konkurrenz der 1882 aus den USA eingeführten Regenbogenforelle trug nicht gerade zur Stärkung der Population einheimischer Arten bei.

BIS ZUM EWIGEN SCHNEE

So empfindlich Bachforellen auf Sauerstoffarmut, Übersäuerung und Umweltgifte reagieren, so zäh sind sie bei der Besiedelung von klimatisch unwirtlichen Lebensräumen. Stimmt die Reinheit des Wassers, dann kann es ihnen nicht wild und reißend genug sein. Bis in Höhen von 2500 Meter steigen sie auf, vereinzelt sogar auf fast 3000 Meter, bis zur ewigen Schneegrenze. In diesen nahrungsarmen Gebirgsbächen und Rinnsalen wächst sie allerdings extrem langsam und wird selten größer als 20 Zentimeter. Man nennt sie dann Steinforelle. Rätselhaft bleibt, wie Salmo trutta die langen Winter in der Abgeschiedenheit der Gebirgswelt überlebt. Sechs bis acht Monate Schnee, Eis und mörderische Kälte, wenig Nahrung im Wasser, kaum Fliegen. Eine unglaubliche Anpassungsfähigkeit und Überlebensstrategie scheint diesem Fisch angeboren.

Einmal tauchte ich in einer tiefen, langgezogenen Schlucht nahe der slowenischen Grenze im österreichischen Bundesland Kärnten. Im hintersten Winkel, wo kaum Tageslicht hinkam, war ein Wasserfall. Der Bach brodelte, und die Luft war eine einzige stäubende Wasserwolke - aber genau dort fand ich kerngesunde, jedoch kleine Bachforellen. Von was sie sich dort ernähren, ist mir heute noch ein Rätsel, zumal der Wildbach im Winter fast bis auf den Grund zufriert und riesige Eiszap-

Oben: Ruhende Regenbogenforellen lassen den UW-Fotografen oft hautnah heran. Darunter; Bachforelle in einem Hochgebirgssee. Vermutlich eine Hungerform, die aber selbst Fischexperten wegen der roten Punktierung auf der Rücken flosse (sonst nicht üblich) vor ein Rätsel stellt.

Bachforellen, die aus Zuchtanstalten stammen, verhalten sich oft untypisch. Sie nehmen auch mit weniger geeigneten Gewässern (Schlammgrund, stehendes Wasser) vorlieb.

fen bildet. Sie müssen Löcher und Gumpen gefunden haben, wo Wasser auch im Winter flüssig bleibt.

Kapitale Maße erreichen Bachforellen in Quelltöpfen und Alpenseen mit gutem Nahrungsangebot. So werden hin und wieder Exemplare von sechs bis acht Kilo gefangen. Spitzenfänge liegen bei fast 17 Kilo Lebendgewicht.

Bachforellen sind im übrigen sehr standorttreu und verteidigen konsequent ihr Revier gegen Eindringlinge. Mit ein Grund, weshalb sich diese Forellenart schlecht züchten läßt und auch in freier Natur immer nur begrenzte, dem Umfeld angepaßte Populationen bildet. Dringen Jungtiere in den Lebensraum der Alten ein, werden sie nicht selten Opfer der eigenen Eltern - Kannibalismus steht auf der Tagesordnung bei den Forellen.

Wissenschaftliche Untersuchungen bescheinigen der Bachforelle eine extrem geringe Schmerzempfindlichkeit des Rachenraumes. Vielleicht steht sie auch deshalb bei den Fliegenfischern als kampfstarker und ausdauernder Sportfisch in hohem Ansehen.

MADE IN USA

Gegen Ende des 19. Jahrhunderts gelangten die ersten befruchteten Eier der amerikanischen Regenbogenforelle nach Europa. Damals konnte noch niemand ahnen, daß dieser Salmonide einer der wichtigsten Zuchtfische der Fischereiwirtschaft werden würde.

Aufgrund ihrer größeren Robustheit eignen sich die Einwanderer hervorragend für den Besatz in Flüssen, Baggerseen und Teichen.

Regenbogenforellen sind nämlich weniger sauerstoffbedürftig, passen sich höheren Wassertemperaturen an und vertragen auch besser verunreinigtes Wasser als Bachforellen.

In Wildbächen konkurriert die Regenbogenforelle zum Leidwesen der Naturfreunde erfolgreich mit der heimischen Bachforelle, besiedelt aber andere Lebensräume. Sie benötigt weder Versteckmöglichkeiten noch ein persönliches Revier. Wo Platz ist, stellt sie sich hin. Auch bei der Futterwahl nimmt sie es nicht so genau. Was ins Maul paßt, wird verschlungen. Dadurch gedeiht sie mitunter hervorragend, besonders ihre Raschwüchsigkeit kommt Züchterzwecken sehr entgegen.

Salmo gairdneri ist zu einem der wichtigsten und beliebtesten Besatzfische Europas geworden. Doch es bleibt meistens beim Besatz. Stationäre Bestände aus Besatzfischen sind selten. Vermutlich liegt das am immer noch in den Erbanlagen verankerten Wandertrieb. In Seen mit starkem Hecht-oder Zanderbestand werden sie wegen ihrer Vorliebe, im Freiwasser zu jagen, relativ schnell von den großen Raubfischen dezimiert.

Nach etwa ein bis zwei Jahren wandert die ausgesetzte Regenbogenforelle ab,

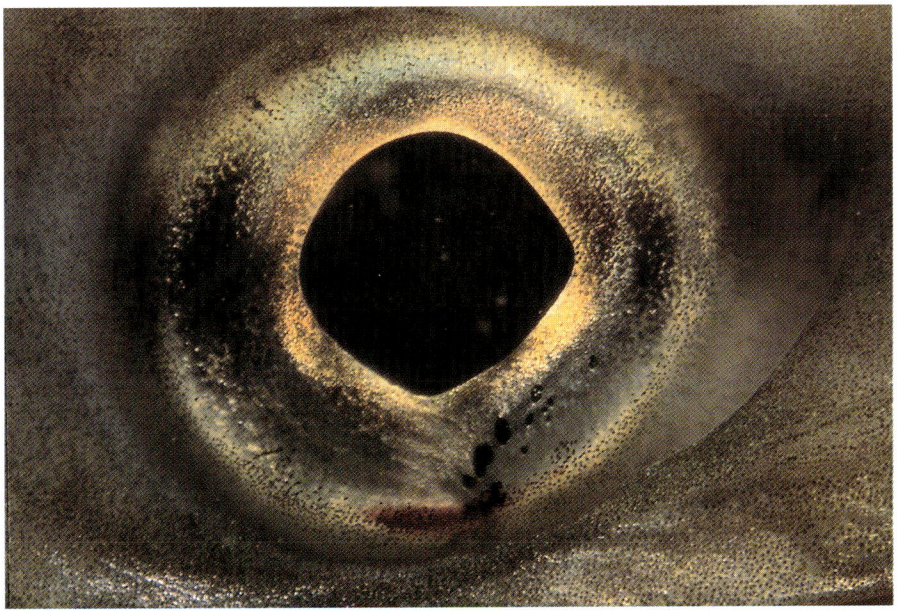

in den meisten Flachlandseen scheinen zudem die Bedingungen für die Bildung eigener Populationen ungünstig zu sein. Verwilderte Formen der Regenbogenforelle mit den Erbanlagen der amerikanischen Süßwasserform Salmo gairdneri shasta bilden jedoch auch in Europa wildlebende stationäre Populationen.

Freilebend werden Regenbogenforellen etwa 70 Zentimeter lang und sieben Kilo schwer. Mit Hilfe von Infrarotlicht haben Züchter in Fischteichen bereits Mega-Monster von 35 Kilo geschaffen. Der wirtschaftliche Erfolg dieser Methode scheint indes fraglich, weil die Aufzucht sehr teuer kommt. Den Fischen muß nämlich vorher ein Implantat in den Kopf eingesetzt werden, wodurch das Wachstum angeregt wird.

Oben: Der torpedoartige Körper der Bachforelle weist sie als schnellen Räuber aus. Ihre Standorttreue ist sehr ausgeprägt. Mitte: Auge einer Bachforelle. Abdriftende Kleintiere und Anflugnahrung werden selbst in wirbelndem Wasser zielsicher erkannt. Unten: Das Merkmal der Bachforelle sind die roten Punkte auf den Schuppen

Werden Regenbogenforellen in Bachforellen-Gewässern angesiedelt, verdrängen sie wegen ihrer geringen Ansprüche an Umfeld und Nahrung sehr häufig die heimische Bachforelle. Rechts: Auge einer Regenbogenforelle. Vorzugsweise werden damit schwimmende Beutetiere geortet.

SEEWÖLFE

Unter bestimmten äußeren Bedingungen können Bachforellen zu Seeforellen heranwachsen. Obwohl sich beide Formen äußerlich deutlich unterscheiden, sind sie Angehörige derselben Art. Im Grunde ist die Seeforelle nur eine standortspezifische Form der Bachforelle. Ihre Lebensräume sind die großen und tiefen Alpenseen. Dort steht sie weit vom Ufer weg, in oftmals unglaublichen Tiefen (10 bis 50 Meter), wo sie dann wie ein Wolf Mairenken, Lauben, Felchen und andere Schwarmfische hetzt.

Ab einer bestimmten Größe haben Seeforellen kaum noch natürliche Feinde. Im österreichischen Grundlsee wurde ein solcher Salmoniden-Gigant bei der Jagd auf

Hechte beobachtet! Auch große Raubaale werden von ihnen überwältigt. Stimmt das Futter, erreichen Seeforellen Monstermaße von über anderthalb Metern Länge und mehr als 40 Kilo Gewicht.
Die Erforschung ihrer Lebensweise ist allerdings sehr schwierig und immer noch mit Rätseln behaftet, weil es sich um scheue und schnelle Freiwasserfische handelt. Von Seeforellen gelingen Aufnahmen nur, wenn sie am Angelhaken hängen oder im Netz eines Fischers zappeln.

NORDISCHE BRÄUTE

Weil sie zum Laichen vom Meer ins Süßwasser wandern, werden die Meerforellen zu den anadromen Fischen gezählt. Über einen Zeitraum von fast drei Monaten, abhängig vom Alter der Tiere, ziehen sie von März bis August in die Mündungsgebiete der großen Flüsse, die in Nord- und Ostsee fließen.
Während der einige Tage dauernden Umstellung vom Meerwasser auf Süßwasser nehmen sie keine Nahrung zu sich, was viele Angler, die in dieser Zeit den Meerforellen mit den listigsten Ködern nachstellen, an den Rand des Wahnsinns treiben kann.Bis etwa November verbleiben die flinken Jäger in den unteren bis mittleren Flußabschnitten.
Erst bei Abkühlung der Wassertemperatur durch den hereinbrechenden Winter auf etwa fünf Grad steigen sie zu den Laichplätzen auf. Abgelaicht wird bis Anfang März. Manche Tiere sollen diese Prozedur mehr als zehnmal in ihrem Leben schaffen. Die Jungfische verbringen normalerweise zwei Jahre im Süßwasser, dann überkommt sie der Wandertrieb, und sie streben dem Meer zu. Im Durchschnitt zwei Jahre muß eine Meerforelle im Salzwasser leben, um laichreif zu sein. Der Zyklus beginnt dann von vorn.

BESONDERHEITEN

Forellen haben Verbreitung über den ganzen Erdball gefunden, auf natürliche Weise oder durch Besatz. Von Nordamerika über Australien bis Indien und Afrika erstreckt sich ihr Lebensraum. Als seltenste Forelle gilt die nur in Taiwan lebende Tachia-Forelle, von der man selbst in den einsamsten Gegenden Nationalchinas nur noch wenige Exemplare gefunden hat.
Im Ochrider-See in Albanien, dem ältesten abgeschlossenen Gewässer Europas, lebt die letzte Urforelle unseres Kontinents, die seltene Ochrider-Forelle. Weil der Ochrider-See keine Zuflüsse besitzt und dort auch nie Besatzversuche mit anderen Salmoniden erfolgten, konnte sich dieser Fisch über Tausende von Jahren genetisch unverändert erhalten.
Immer wieder begegnet man, insbesondere auf Speisekarten, dem Begriff "Lachsforelle". Einen solchen Fisch gibt es nicht. Das zartrosa Fleisch bildet sich, wenn die Forellen als Hauptnahrungsquelle den Bachflohkrebs (Gammarus) zu sich nehmen. In vielen Forellenzuchten wird auch das Futter mit Karotin versetzt - das gibt ebenfalls die so geschätzte Lachsfarbe. Ob das lachsrosa Fleisch besser schmeckt als das ursprünglich weiße, vermag keiner so richtig zu sagen. Mit dem Wort "Lachs" verbinden Fischesser natürlich einen Gaumenkitzel, den die besondere Farbe der Lachsforelle im Restaurant auch offensichtlich suggerieren soll.

Bachforellen besiedeln Gewässer in ganz Europa. Sie kommen selbst auf Island, in Asien und im Atlasgebirge (Nordafrika) vor.

Der größte Salmonide der Welt: ein Huchen.

HUCHEN EIN MONSTER IM STROM

Man muß es selbst gesehen haben, sonst glaubt man es nicht. Ein Rudel Huchen, jeder über einen Meter lang, auf der Suche nach Nahrung in einem Nebenarm der Donau. Gigantisch, unfaßbar, furchteinflößend. Was weiß man über diesen größten aller Salmoniden? Huchen kommen vorwiegend in der Donau und ihren Nebenflüssen vor, können aber auch in klaren und sauerstoffreichen Seen überleben, laichen dort allerdings nur ab, wenn ein Zufluß bzw. Abfluß besteht. Vieles am Huchen bedarf noch der Aufklärung und Erforschung.

Experten vermuten, daß der Huchen (Hucho hucho) das lichtempfindlichste Auge und das mit dem höchsten Auflösungsvermögen aller Süßwasserfische besitzt. Scheint die Sonne, sucht der Huchen generell den Schatten auf. Kaum kommt es vor, daß dieser Riese ein Sonnenbad wie andere Fische nimmt. Wer Huchen fotografieren will, macht eine unangenehme Entdeckung: Die Tiere sind nicht nur extrem scheu, sondern erschrecken vor dem Blitzlicht. Hechte, Forellen, Karpfen, ja eigentlich allen Süßwasserfischen kann man aus nächster Nähe voll ins Auge blitzen - es kümmert sie nicht. Der Huchen reagiert auf solche Fotoattacken mit einem wilden Sprung, er geht ab wie die Feuerwehr und peitscht dabei den Untergrund mit seiner Schwanzflosse. Dann ist das Wasser erst mal ziemlich trüb, und man muß warten. Hat man Glück, kehrt der Huchen an seinen Platz zurück, denn er ist standorttreu - fast wie ein Hecht.

WILDES LEBEN

Lieblingsstandplätze liegen in der Nähe von Uferbefestigungen, Mauern, Steinen, Buhnen, Brücken und unter überhängenden Uferpartien. Gerne steht er hinter Wehren und im Strömungsschatten inmitten starker Stromschnellen, oftmals sehr tief. In ruhigen Nebenarmen bevorzugt er algenüberwachsene Wasserflächen, steht dort auch in kleinen Gruppen. Je nach Verfassung und Lebensraum ruht der Huchen auch gern am Grund in Algen, Wasserpflanzen und neben Schilf.

Früher, als die Flüsse noch große Nasenschwärme beherbergten, war dies seine Hauptnahrungsquelle. Huchen jagen aber auch Döbel, Rotaugen und Rotfedern, Barben, kleine Hechte, Schleien und Hasel. Ebenso werden Frösche und Groppen nicht verschmäht. Lieblingsspeise sind allerdings Forellen, Bachsaiblinge und Äschen. Kein Huchen rührt einen Weißfisch an, wenn er stattdessen eine Forelle fangen kann. In Forellen- und Äschengewässern kann er deshalb zu einem ungebetenen Gast avancieren, den die Fliegenfischer nicht unbedingt herbeisehnen. Doch muß man das relativieren. Huchen plündern niemals, genausowenig wie andere Raubfische, ihr Heimatgewässer leer.

Und andererseits ist der Fang eines Huchens für jeden Angler ein unvergeßliches Erlebnis, denn der königliche Salmonide kämpft wie ein Stier.

Welch ungeheuere Beschleunigung und Dynamik muß der Huchen entwickeln, wenn er die schnellsten und flinksten Fische auf seinen Speisezettel ganz oben hin gesetzt hat! Huchenangriffe, die ich selbst beobachtete, glichen in ihrer explosiven Ausführung einem Blitzschlag. Dabei wird die Beute bei einem Fehlversuch auch über weite Strecken verfolgt - andere Räuber wie Hecht und Zander machen das fast nie. Von fünf Angriffen sind allerdings oft nur zwei oder drei erfolgreich, denn die wendige Beute schlägt Haken wie ein Feldhase und dreht auf der Stelle wie eine Libelle. Meist wird der Huchen vom eigenen Schwung vorbeigetragen. Dann aber geht die Post mit Vehemenz ab und das Wasser kocht, wenn er in Fischschwärme hineinstößt.

OHNE GEGNER

Das Wachstum der Huchen ist ein Abenteuer für sich. Laichzeit sind die Monate März und April, wo die Fische seichte Kiesstellen im Fluß aufsuchen und sich in wildem Gerangel paaren. Das Weibchen schlägt mit dem Schwanz eine Laichgrube, in die pro Kilogramm Körpergewicht etwa 1000 Eier abgelegt werden. Etwa einen Monat dauert die Entwicklung der Eier bei 8 -10°C Wassertemperatur bis zum Larvenstadium. Anfangs ernähren sich die 1,5 Zentimeter großen Larven von einem Dottersack. Ist dieser aufgebraucht, beginnt bereits das Beutemachen. Junge Huchen sind sehr schnellwüchsig und werden bereits nach 3 - 4 Jahren geschlechtsreif.

Im Laufe der Zeit wird die Beute größer und anspruchsvoller und der Huchen immer gewaltiger. Nach 15 Jahren mißt er unglaubliche 1,5 Meter und wiegt über 50 Kilogramm. Angeblich sollen 1,7 Meter und 70 Kilogramm die Endmaße sein. Genau weiß es niemand. Auch über das Lebensalter

Großes Bild: Lieblingsspeise der Huchen sind Forellen. Wenn sie satt sind ruhen sie am Grund. Häufig im Strömungsschatten von Buhnen. Rechts: Wie Süßwasserhaie durchstreifen sie die Gewässer. Angeblich sollen sie auch im Rudel jagen.

Huchen besitzen angeblich das lichtempfindlichste Auge aller Süßwasserfische. Wenn die Beute einmal geortet ist, besteht für diese kaum noch eine Chance zu entkommen. Links: Laichwanderungen der Huchen finden von März bis Mai statt.

wird noch gerätselt. Sind es 20 oder 25 Jahre? Bei der intensiven Befischung unserer Gewässer dürfte bereits ein Zehnjähriger zu den erwähnenswerten Fängen gehören. Ohnehin werden sie bei weitem nicht in dem Maße gefangen wie Hechte oder Karpfen.

Welch ungeheuere Kraft in einem ausgewachsenen Huchen steckt, mußte der österreichische Schwarzfischer Valentin Werhoung erfahren, als er bei Rain im Bereich eines E-Werkes einen solchen Fisch mit der Hand fangen wollte, dieser sich in seiner Jacke verbiß und den Mann über 100 Meter flußabwärts riß. Noch heute sprechen die Leute dieser Gegend vom Huchenreiter, der nur mit viel Glück sein Leben retten konnte.

FLUCHT VOR DEM MENSCHEN

Nicht das Angeln oder die intensive Befischung der Huchengewässer hat diese Riesen zu Raritäten gemacht, sondern dieselben Mißstände und unvernünftigen Entscheidungen, die auch andere Fischarten aus unseren Gewässern ver-

Oben: Über die Bestandsituation der Huchen weiß man nur wenig. Sicher ist nur, daß Wanderhindernisse wie Wehre und Staustufen die Population negativ beeinflussen. Rechts: Bei der Jagd entwickelt der langgestreckte Körper eine ungeheure Geschwindigkeit.

bannten: Begradigung von Flüssen und Bächen, Errichten von Staustufen und Kraftwerken, Einleitung von Abwässern, Verschmutzung oder gar Zerstörung der Laichgründe. So wurde aus dem mächtigen Salmoniden ein vom Menschen Verfolgter mit nur geringen Überlebenschancen. Heute versuchen Huchenzuchten, das wieder gutzumachen, was die baulichen Maßnahmen der Wasserwirtschaft angerichtet haben. Huchenzucht ist ein überaus schwieriges und oftmals undankbares Gewerbe. Jahre hat es gedauert herauszufinden, wie Huchen in Becken und Freilandanlagen gehalten werden können. Auch heute sind noch Fragen offen, auf die man nur mit einem Achselzucken antworten kann. Vorerst scheinen sich die Huchenbestände durch Besatzmaßnahmen wieder zu stabilisieren. Der Mensch hat die moralische Verpflichtung, dem wunderschönen Fisch den ihm zustehenden Lebensraum einzurichten und ihn das werden zu lassen, wozu die Natur ihn bestimmt hat: den gewaltigsten und eindrucksvollsten Jäger unserer Fließgewässer.

Der Bachsaibling versteckt sich oft zwischen Steinen. Ausgeruht startet er seine Raubzüge.

SAIBLINGE DIE SCHWIMMENDEN EDELSTEINE

Der Fisch ist Traum und Alptraum zugleich für einen UW-Fotografen. Wunderschön anzusehen, aber sehr schwierig vor die Kamera zu bekommen. Mal steht er im Freiwasser, mal liegt er versteckt zwischen Felsbrocken, mal ruht er auf versunkenen Herbstblättern oder schwimmt offenbar ziellos umher.

In Europa sind drei Saiblingsarten heimisch:

- Der Bachsaibling (Salvelinus fontinalis), dessen Heimat im Osten Nordamerikas liegt und der seit 1884 bei uns gezüchtet und ausgesetzt wird. Vornehmlich in Gebirgsseen und Wildbächen trifft man ihn.
- Der Seesaibling (Salvelinus alpinus salvelinus), ein echter Europäer, dessen Urahnen vermutlich schon in der Eiszeit klare und sauerstoffreiche Gewässer bevölkerten. Man nimmt an, daß vorrückende Gletscher und topographische Veränderungen einem Teil der Fische den Zugang zum Meer versperrten, so daß sich stationäre Kaltwasserformen bildeten, die heute in tiefen bis sehr tiefen Alpenseen sowie in Skandinavien und Rußland vorkommen.
- Der Amerikanische Seesaibling (Salvelinus namaycush), ein Freiwasserfisch mit über einem Meter Länge und fast 8 Kilo Gewicht, der erfolgreich in verschiedene Seen der Schweiz, Österreichs und Schwedens eingesetzt wurde. Besatzmaßnahmen aus Kreuzungen des Amerikanischen Seesaiblings mit dem Bachsaibling wurden in Gewässern Kärntens (Österreich) positiv beurteilt.

HUNGERFORMEN

Kaum ein anderer Fisch ist derart darauf spezialisiert, in der Einöde zivilisationsferner Berggewässer zu leben, wie der Saibling. Man findet ihn in den entlegensten Alpenseen, 2500 Meter hoch und höher. Er steigt selbst auf, wenn Zuflüsse vorhanden sind, oder er wird durch Besatzmaßnahmen eingebracht.

Die stationären Saiblingsbestände der Seen weisen einen überdurchschnittlich hohen Formenreichtum auf, die im einzelnen auf verschiedene Lebensweisen und Ernährung, auf Kreuzungen und Inzucht zurückzuführen sind. Bei flüchtiger Betrachtung scheint hier die Regel nicht zu stimmen, daß reichlich Futter auch kapitale Fische wachsen läßt. So findet man in fischreichen Seen neben normalgroßen Seesaiblingen auch den sogenannten Tiefsee- oder Hungersaibling, eine Zwergform von maximal 15 Zentimetern Länge. Seine Welt ist lichtlos, tief und mörderisch kalt - und deshalb gibt es dort auch nur wenig Futter.

Oben: Portrait eines Bachsaiblings. Die ersten Bachsaiblingseier sollen 1880 nach Deutschland gekommen sein. Heute ist er ein heimischer Fisch.
Rechts: Schuppenmuster Bachsaibling.
Links: Anflugnahrung wird im Vorbeischwimmen aufgenommen.

Obwohl in denselben Gewässern wie die Bachforelle zuhause, scheinen die Umweltansprüche des Bachsaiblings anders zu sein.

Also kein Argument gegen die oben genannte Regel. Weit oben in den Bergen, wo die Seen ein halbes Jahr und mehr von Eis bedeckt sind, lebt der Schwarzreuter, ein kaum 20 Zentimeter langer und 100 Gramm leichter Saibling, der auch nicht wesentlich größer und schwerer wird, selbst wenn man ihn mästet. Wie diese Kümmerformen entstanden sind, ist unklar. Weil sie bereits in frühester Jugend geschlechtsreif werden, haben sie es allerdings verstanden, ihre Art vor dem Aussterben zu bewahren. Unverdrossen halten sie an ihrem Lebensraum fest, nehmen die wenigen Fliegen auf, die an der Oberfläche umherschwirren, begnügen sich bei ausbleibender Anflug- oder Fischnahrung auch mit Zooplankton.

Eigenartig ist, daß Schwarzreuter, Seesaiblinge und Bachforellen in hochgelegenen und abgeschiedenen Bergseen oft nebeneinander leben, ihre eigenen Bestände halten und gleichzeitig Bastardformen bilden, von denen kein Mensch weiß, wer Vater und Mutter war. So sah ich einmal des nachts in einem Alpensee Schwarzreuter mit roten Forellentupfen, andere waren gelbweiß, einige graubraun.

KULINARISCHER HÖHEPUNKT UND HOCHZEIT

Schon im Mittelalter und noch früher galt der Seesaibling in Adelskreisen als einer der Höhepunkte jeder Festtafel. Unter Feinschmeckern nimmt er im Kreise der Salmoniden einen vorderen Rang ein, manche meinen sogar, er sei der schmackhafteste Süßwasserfisch überhaupt. Eine Ansichtssache, gewiß. Doch wurde der Seesaibling aus diesem Grund in vielen Wappen als Emblem verewigt. Während Bachsaiblinge im Durchschnitt nur 45 Zentimeter lang werden, wächst der Europäische Seesaibling unter idealen Bedingungen zu einem Koloß von zehn Kilo und über einem Meter Länge heran. Über das Fortpflanzungsverhalten der Seesaiblinge weiß man wenig. Vermutlich findet es in Tiefen zwischen 20 und 80 Metern statt. Hingegen konnte das Paarungsspiel der Bachsaiblinge genau beobachtet werden: Im Kiesbett wird eine Laichmulde angelegt, in die das Weibchen je nach Körpergewicht etwa 2000 Eier ablegt, über die das Männchen die Milch gibt. Dem Laichakt können Rivalenkämpfe der Männchen vorausgehen, das Paar selbst bringt sich mit einem Hochzeitstanz in Stimmung. Nach der Eiablage sind beide erschöpft, das Weibchen aber mehr. Geschwächt suchen beide nun nach Nahrung, um zu Kräften zu kommen, doch bleiben viele Saiblinge wegen Auszehrung auf der Strecke. Geburt und Tod - im Reich der Fische gehören sie oft zusammen.

DAS KREUZ MIT DEN KREUZUNGEN

Auch in der freien Natur - ohne menschliche Einmischung - kommt vor, was eigentlich nicht im Schöpfungsplan stand: Paart sich der Bachsaibling mit der

Bachforelle, die im wesentlichen den gleichen Lebensraum bewohnt, entstehen aus dieser Verirrung der Gefühle unfruchtbare Bastarde, die sogenannten Tigerfische. Eine Augenweide, so herrlich schaut er aus! Wirklich schade, daß er nicht vermehrungsfähig ist.
Kreuzt sich hingegen der Bachsaibling mit dem Seesaibling, spricht man beim Resultat vom Elsässer Saibling. Ein Blendling ohne große Bedeutung, aber ebenfalls von herrlichem Äußeren, wie überhaupt alle Saiblinge besonders in der Laichzeit ein Farbenspiel aufweisen, das seinesgleichen sucht. Der prächtigste ist der Bachsaibling, der als Männchen jeden Schönheitswettbewerb gewinnen würde. Während der Laichzeit trägt er ein Hochzeitskleid, das vom blutroten Bauch bis zu den gelb-rot gepunkteten Seitenflanken wie die Robe eines Fürsten aussieht. Ein Highlight für jeden Unterwasserfotografen.

Oben: Seesaiblinge sind Eiszeitrelikte, die man überwiegend in Alpenseen antrifft.
Mitte: Schuppenmuster von Seesaibling.
Unten: Farbklecks-Afterflosse eines Seesaiblings.

Größere Exemplare fressen Fische und jagen deshalb auch im Freiwasser von Seen und großen Flüssen.

ÄSCHE DIE SCHEUE, WILDE SCHÖNHEIT

Man bezeichnet sie als "graue Eminenz", auf ihr Farbkleid bezogen oder als "Herrin im Strom", denn die Äsche liebt reich strukturierte, schnellfließende, kiesige Bäche und kleine Flüsse mit Kolken, Gumpen und Unterständen. Dort bildet sie mitunter kleine Schwärme. Einzelne Tiere liegen auch hin und wieder ruhend in Algen oder stehen zwischen Wasserpflanzen.

ÄSCHENREGION

Nur wenige Fische prägen ihren Lebensraum so, daß eine Region nach ihnen benannt wird. In der Äschenregion stimmt die Wasserqualität. Klar, kühl und sauerstoffreich muß der Bach fließen, dann fühlt sich die Äsche wohl.
Wer Äschen (Thymallus thymallus) unter Wasser beobachten will, muß Ausdauer und Geduld an den Tag legen. Kaum ein Fisch ist scheuer und unnahbarer, und an Flinkheit nimmt es Thymallus sogar mit der Forelle auf. Muß sie wohl, denn um die pfeilschnellen Elritzen zu jagen, bedarf es ungeheurer Wendigkeit und Beschleunigung. Dazu legt sich die Äsche regelrecht auf die Lauer und stößt mit Urgewalt in den Elritzenschwarm. Meist peilt sie aber ein Tier an, das sich etwas von den anderen abgesondert hat oder einen kränklichen Eindruck macht. Auch die eigene Brut muß sich vorsehen, sonst endet ihr Leben im Bauch der gefräßigen Verwandtschaft.
Verzweigen sich die Fließgewässer der Äschenregion, so dringt die Äsche auch in stille Nebenarme und Quelltöpfe vor, sofern Wasser und Nahrungsangebot (Insektenlarven) vorhanden sind. Thymallus weidet Steine und Kiesflächen regelrecht nach Würmern, Schnecken und Fischlaich ab, besonders schätzt sie Anflugnahrung. Das eigenartige Auge mit der spitz zulaufenden Pupille ist besonders gut für das Aufspüren von Insekten geeignet, die auf dem Wasser treiben.
In Skandinavien geht die "graue Eminenz" auch ins Brackwasser und lebt ebenso in großen Seen. Charakteristisch ist die hochstehende, fahnenartige Rückenflosse, die selbst einem Laien ermöglicht, die Äsche von einer Forelle sicher zu unterscheiden.

NERVENBÜNDEL

Obwohl die Äsche, wie Sportfischer sagen, an der Flugangel lang und ausdauernd kämpft, also ein beliebter Sportfisch ist, verträgt sie keine übermäßigen nervlichen Belastungen. Als eine kapitale Äsche unaufmerksam auf mich zuschwamm und erst im letzten Augenblick erkannte, daß hier ein Unterwasserfotograf auf der Lauer lag, bekam sie einen solchen Schreck, daß sie mit merkwürdigen Zuckungen davonjagte. Nach etwa 15 Metern - die Sicht war hervorragend und ich konnte alles genau beobachten - schien sie vom Herzschlag getroffen, kippte auf die Seite und sank mit heftig pumpenden Kiemendeckeln zum Boden. Nach einer Minute kehrte Leben in das Nervenbündel zurück, und sie ergriff nun schnurstracks die Flucht, ohne weitere unnormale Reaktionen.

Eine ähnliche Verhaltensweise legen Äschen an den Tag, wenn sie von Raubfischen attackiert werden. Vor größeren Feinden machen sie auf tot, drehen manchmal sogar den Bauch nach oben und rühren sich nicht von der Stelle. Oft geht es gut, aber nicht jeder Jäger läßt sich täuschen, und so manche Äsche wird dann ein Opfer ihrer eigenen List. Da wäre Flucht doch besser gewesen.

Links, großes Foto: Durch ihre Beschränkung auf kalte Gewässer kommt die Äsche nicht in südlichen Ländern vor. In Zu- und Abflüssen von Seen fühlt sie sich wohl. Oben: Mit ihrem weichen und empfindlichen Maul weidet die Äsche Mückenlarven von den Steinen des Flußbetts. Mitte: Äschenaugen schimmern wie goldene Kugeln. Unten; Prachvolle Rückenflosse einer Äsche in der Laichzeit.

LECKERBISSEN

Äschen gehören zu den schmackhaftesten Süßwasserfischen, ihr Fleisch erinnert im Geruch an das Gewürz Thymian. Dennoch findet man Thymallus selten auf der Speisekarte, denn der empfindliche Fisch läßt sich schlecht hältern und kaum lebend transportieren. Äschenzucht hat sich als nicht besonders wirtschaftlich erwiesen.
Rekordäschen haben ein Gewicht von zwei bis drei Kilo und sind etwa 60 Zentimeter lang. Berichtet wird von einer Sieben-Kilo-Äsche, die in Finnland gelandet wurde. Wird Thymallus so groß, macht sie verstärkt Jagd auf andere Fische und wird so zum Räuber aus natürlicher Veranlagung.

SCHÖNHEIT IM STROM

Während der Laichzeit nehmen beide Geschlechter eine intensive Färbung an, die Fettflosse und der Schwanz leuchten violettrot, die Schuppen glänzen ocker, wunderschön blitzt das aufmerksame Auge, zartrosa schimmert das Maul. Erst in der Nahaufnahme zeigt die Äsche - von der schon in früheren Zeiten die Menschen sagten, daß in ihrem Körper blaues Blut pulsieren müsse - ihr adliges Aussehen. Um so bedauerlicher ist die Feststellung, daß viele Äschengewässer durch menschliche Einwirkung ihren typischen Charakter verloren haben und die Äsche vielerorts das Leben eines verarmten Landadels führen muß.
Bedroht wird das Äschenleben (maximal 14 Jahre) zudem durch Schmutzeinleitungen, Überdüngung und die starke Vermehrung der Kormorane, die insbesondere die im Flachwasser liegenden Laichplätze von Thymallus gern aufsuchen und so den Bestand dezimieren.
Thymallus hat es nicht leicht im Leben. In dieser Hinsicht ergeht es ihr wie dem Fotografen, der ihr auf der Spur ist. Beide sind dem Herzschlag nahe, wenn sie einander begegnen. Die eine vor Schreck - der andere vor Freude.

***Links, oben:* Über den Geschmack der Äschen streiten Gourmets. Manche glauben einen Thymiangeruch festzustellen, andere behaupten, die Äsche schmecke wie ein normaler Süßwasserfisch.**
***Unten:* Schwanzflosse in der Sonne. Ein Sekundenbruchteil für den Fotografen.**
***Links, unten:* Äschen suchen zumindest in jungen Jahren die Gesellschaft von Artgenossen. Nachts liegen sie oft dichtgedrängt am Grund.**

Mulmiger Untergrund kommt den Aalen entgegen. Bis zum Kopf graben sie sich ein und lauern in dieser Stellung auf vorbeiziehende Jungfische

AAL
DAS MYSTERIUM

Schlangenartig gleitet er durch die Unterwasserwelt, gibt sich mal scheu, mal neugierig, verträgt sauberes und schmutziges Wasser, fühlt sich weniger bei Kälte, mehr bei Wärme wohl, ist zäh und langlebig, bringt die Wissenschaftler zur Verzweiflung, denn noch immer weiß man nicht, wie der natürliche Laichvorgang abläuft.

Wenn das Gewässer eine hohe Aalpopulation aufweist, schlängeln sich viele Exemplare an Wasserpflanzen hoch. Dieser hier wurde vom Fotografen während der Mittagszeit erwischt.

GEHEIMNISVOLLE GEBURTSSTÄTTE

Aale kommen fast in ganz Europa vor. In Gewässern, wohin sie nicht alleine gelangen konnten, weil natürliche Zuflüsse fehlen, hat sie der Mensch eingesetzt. Dort bleiben sie dann, werden ziemlich groß - bis anderthalb Meter - und können 100 Jahre alt werden. Lange hat es gedauert, bis man herausfand, daß die europäischen Aale in der Sargassosee im berüchtigten Bermuda-Dreieck ablaichen. Mit feinmaschigen Netzen versuchen Aalforscher seit Jahrzehnten immer wieder, laichende Aale zu fangen, bisher vergebens.

Was man fand, waren nur wenige Tage alte Aallarven, die - obwohl stecknadelgroß - mit einem furchterregenden Gebiß ausgestattet sind, für das es keine Erklärung gibt. Der Meeresforscher Prof. Dr. Hans Fricke vermutet, daß sie damit Jagd auf winzige Quallen machen. Bewiesen ist es nicht, denn japanische Forscher, die Aale mittels Hormonbehandlung zum Ablaichen veranlaßten, konnten die winzigen Aallarven nicht am Leben erhalten, weil niemand ihre Bedürfnisse und Freßgewohnheiten kannte.

Etwa drei Jahre benötigen die Aallarven, um von der Sargassosee nach Europa zu gelangen. Vermutlich treiben sie mit dem Golfstrom zum europäischen Festland. Weshalb in Europa aber nur die Larven der europäischen Aale ankommen und nicht auch die der amerikanischen, ist ungeklärt, denn beide Arten laichen in ein und demselben Gebiet. Aber vielleicht an anderen Stelle, und die kennt man nicht. Angeblich soll der Laichplatz des europäischen Aal (Anguilla anguilla) ein unterseeischer Berg sein, der bis auf 40 Meter an die Meeresoberfläche heranragt - gefunden hat ihn aber noch keiner. Hingegen schwebten die gefangenen Aallarven in etwa 100 Metern Tiefe im Freiwasser, unter sich eine Wassersäule von fünf Kilometern Höhe. Es ist wie die Suche nach der Stecknadel im Heuhaufen, wobei man noch nicht einmal weiß, in welchem Heuhaufen man suchen soll, denn das Sargassomeer hat eine Flächenausdehnung so groß wie halb Europa.

Rätselhaft ist auch, warum der Instinkt

den europäischen Aals veranlaßt, sich ausgerechnet die Sargassosee als Geburtsstätte seines Nachwuchses auszusuchen. Das nährstoffreiche Wasser könnte eine Ursache sein. Hingegen laicht der japanische Flußaal (Anguilla japonica) in einem Gebiet zwischen den Philippinen und den Marshall-Inseln.

DER AAL BEI UNS

Wenn die kleinen Aale an den europäischen Flußmündungen ankommen, haben sie ein längliches, durchsichtiges Aussehen. Man nennt sie jetzt Glasaale. Alsdann muß sich ihr Körper vom Salzwasser auf Süßwasser umstellen. Sie wandern nun die Flüsse hoch, besiedeln Nebenarme, gelangen mit dem Hochwasser in Auwaldseen und über Wiesenbäche und Kanäle in Kiesgruben, Baggerseen und Waldweiher. Trocknet ein Gewässer aus oder wird unbewohnbar, kann sich der Aal kilometerweit an Land über Feuchtwiesen und Rinnsale zum nächsten Gewässer davonmachen.

Zehn bis fünfzehn Jahre verbringt Anguilla im Süßwasser, wobei er nichts macht als fressen und wachsen, dann geschieht eine merkwürdige Veränderung mit ihm. Seine Augen vergrößern sich um das Vierfache, er stellt die Nahrungsaufnahme ein, der Körper wird straff und fest, die Farbe am Bauch silbern, der Rücken färbt sich dunkel. Von einem inneren Instinkt getrieben, strebt er nun als Blankaal dem Meer zu und begibt sich auf die Wanderschaft ins Bermudadreieck.

Wie er diese Tortur ohne zu fressen übersteht, ist ein Rätsel. Vermutlich zehrt er von Fettreserven, die er sich angefuttert hat. Auch das Auffinden seiner Geburtsstätte bleibt für die Forscher mehr als mysteriös, denn die Wanderung in der Tiefe - man vermutet zwischen 3000 und 5000 Meter - konnte

***Links:* Lieblingsruheplätze sind versunkene Bäume, in deren Astwerk sich die schlangenartigen Fische festhalten.**
***Unten:* Nicht immer verkriechen sich Aale. Manche liegen auch am Tage auf freien Flächen.**

noch nicht nachvollzogen werden, auch nicht mit Peilsendern. Zu welchem Zeitpunkt die Weibchen geschlechtsreif werden, weiß man nicht, denn noch nie wurde ein ausgewachsener Aal auf seiner Laichwanderung gefangen. Nur einmal fand man im Bauch eines Pottwals einen Blankaal, aber leider ohne Laich.

DAS GESPALTENE WESEN

Bei Aalen werden die Weibchen größer als die Männchen. Auch streben fast ausschließlich Weibchen in die Süßwasserregionen der großen Flüsse. Bringt man hingegen Satzaale in die Gewässer ein, also Jungtiere, die nicht aus eigener Kraft und eigenem Antrieb ihren Lebensraum besiedeln, hängt die Umwandlung zum Männchen oder Weibchen vermutlich von der Besatzdichte des Gewässers ab. Leben viele Aale in einem Gewässer und ist der Konkurrenzdruck groß, entstehen überwiegend Männchen, in aalarmen Seen und Flüssen dominieren die Weibchen. Weshalb das so ist, bleibt ein Aalgeheimnis.
Die Wissenschaft sucht ebenfalls nach Erklärungen dafür, weshalb sich in unseren Gewässern zweierlei Aalarten entwickeln, der Breitkopf- oder Raubaal und der Spitzkopfaal. Der erste fängt seine Nahrung wie Fische, Frösche, kleine Wasservögel und Lurche nach Art eines Raubfisches. So konnte ich beobachten, wie Breitkopfaale im Stile von

Oben: Etwa zehn Jahre verbleiben Aale im Süßwasser, dann machen sie sich auf die Wanderschaft zu ihren Laichgründen in der Sargassosee. Rechts: Blankaal auf der Wanderschaft. Das Auge ist vergrößert, wird von einer Fettschicht umhüllt und nimmt dadurch selbst in großen Tiefen kleinste Lichtpartikel wahr Rechte Seite, unten: Mit seinem ungeheuer empfindlichen Riechorgan findet der Aal problemlos seine Beute sowohl im Dunkeln als auch im Trüben.

Hecht oder Zander auf Schwarmfische lauerten und vehement in die Fischwolken hineinstießen, um Beute zu machen. Anders der Spitzkopfaal.
Er lebt von Bodengetier (Asseln, Würmer, Schnecken und andere), selten von kleinen Fischen, liebt aber auch Fischlaich und wird in der Regel nicht so groß wie der Breitkopfaal. Vermutet wird, daß sich Raubaale nur entwickeln, wenn die Kleintierfauna unterentwickelt ist und der Aal von Hunger getrieben Jagd auf größere Tiere machen muß. Durch die anspruchsvollere Beute dehnt sich angeblich der Kopf und wird breiter. Das

Maul und der Schädel sind demzufolge für die kräftigere Nahrung umfunktioniert worden. Inwieweit diese Thesen stimmen, bleibt ungewiß, denn es gibt Gewässer ohne Zuwanderungsmöglichkeit, in denen beide Arten leben und sich aus Aalbesatz entwickelt haben.

SAGENHAFTES RIECHVERMÖGEN

Im allgemeinen gilt der Hai als Riechwunder unter den Fischen. Er kann einer Blutspur von nur wenigen Tropfen kilometerweit durchs Meer folgen. Gegen den Aal ist er aber ein echter Stümper. Schlammröhrenwürmer riecht ein Aal buchstäblich von einer Seeseite zur anderen. Und würde man ein Gramm eines beliebigen Duftstoffes in der mehr als 50fachen Menge des Bodenseewassers verdünnen, der Aal könnte ihn herausschmecken. Mit diesem unvorstellbar feinen Riechvermögen kann kein anderes Wassertier auch nur annähernd mithalten.

Ob der Aal aufgrund seines feinen Unterscheidungsvermögens gegenüber Geruchsstoffen seinen Geburtsort buchstäblich erschnuppern kann, scheint zumindest theoretisch möglich zu sein. Jedenfalls können Aale verschiedene Wasserqualitäten riechen. Setzt man Aale um, sind sie ohne weiteres in der Lage, ihr altes Gewässer per Geruchsorientierung wiederzufinden.

TAG UND NACHT AKTIV

Obwohl als nachtaktives Tier bekannt, gehen Aale auch am Tage auf Nahrungssuche, sonnen sich auf Wasserpflanzen hängend, schwimmen sogar weite Strekken im Freiwasser. In manchen Gewässern sieht man tagsüber nie einen Aal, in anderen liegen sie frei herum wie auf dem Präsentierteller. Weshalb man von diesen oder jenen Aalen am hellichten Tag nicht einmal eine Schwanzspitze sieht, von anderen minutenlang die Breitseite, weiß keiner.

Schlammiger Untergrund veranlaßt Aale zum Bohren von regelrechten Wohnröhren, in die sie sich bei Störung rückwärts schwimmend, zurückziehen. Und man hat festgestellt, daß sie sich in der Nähe von eingeleitetem Kühlwasser aus Kraftwerken besonders wohl fühlen und prächtig gedeihen. Wenn andere Fische nach Sauerstoff japsen - den Aal kümmert es wenig. Er ist und bleibt in vielerlei Hinsicht ein Fisch, der den Wissenschaftlern noch viele Rätsel aufgibt.

Methusalem! Schwere Brocken finden sich fast ausschließlich in großen Seen.

BARSCHE
DIE STACHLIGEN GESELLEN

Seit der letzten Eiszeit lebt der Barsch bei uns, über fast ganz Europa verbreitet. Ausnahme: Die Pyrenäenhalbinsel, Mittel- und Süditalien sowie der westliche Balkan und Griechenland. Das zähe Kerlchen traut sich sogar in die Ostsee und besiedelt Bergseen bis in mehr als 1000 Meter Höhe. In diesen hochgelegenen Gewässern dominiert er bisweilen in ausgedehnten Populationen, nur in Schranken gehalten von Hecht und Forelle.

WUNDERSAMES AUFTAUCHEN

Man hat sich immer gewundert, weshalb Barsche in Seen, Teichen und Tümpeln wie aus heiterem Himmel erscheinen, obwohl nie ein Mensch für Besatz gesorgt hat. Der Grund liegt in der raffinierten Eiablage, die in Form von Laichbändern erfolgt. Tauchende Wasservögel streiften sie, und auf diese Weise werden im Gefieder klebende Eiklumpen in andere Gewässer getragen. Erstaunlich daran ist, daß der Laich die Überbrückungszeit in der Luft anscheinend unbeschadet übersteht.

Barsche sind zäh, benötigen allerdings sauberes und sauerstoffreiches Wasser. Außerdem meiden sie schnellfließende Bäche, weil sie dort keine idealen Laichbedingungen vorfinden. Zumindest ein ins Wasser hängender oder versunkener Baum muß für die Laichbänder vorhanden sein.

Was die Nahrung anbelangt, holt sich der Barsch (Perca fluviatilis) je nach Bedarf von der Zuckmückenlarve bis zur Fischbrut alles, was er kriegen kann. In barschreichen Seen scheint für die Alten mitunter das eigene Jungvolk die bevorzugte Beute zu sein. Kaum eine Fischart geht mit seinesgleichen so ruppig und gnadenlos um. Kleine Barsche können erfolgreich nur im Schwarm überleben.

Obwohl der Barsch zur Leib- und Magenspeise großer Hechte gehört - die stachelige Rückenflosse nützt da wenig - scheint der rüde Geselle keine Angst vor diesem zu haben. Zumindest kann er genau abschätzen, wie ich immer wieder beobachten konnte, ob er für seinen Feind die passende Größe hat oder nicht. Mit aufgestellter Rückenflosse schwimmt er provozierend bis vor das Maul, wohl wissend: Der andere will, kann aber nicht, weil ich zu groß bin. Daraus darf man schließen, daß Barsche den Lauerräuber Hecht trotz seiner Tarnung erkennen und taxieren können.

Große Barschvorkommen findet man bei sogenannten Untiefen, das sind Erhebungen im See, die bis auf wenige Meter an die Oberfläche heranragen. Ganze Wolken der stacheligen Gesellen bevölkern die von Pflanzen bedeckten Abhänge, so daß man durchaus von re-

Links: Laichband eines Barsches. Aus jeder kleinen Gallertkugel entwickelt sich ein Fisch, sofern nicht Laichräuber das Gelege dezimieren.
Oben: Schutz suchen Barsche häufig vor kleinen Höhlen, in die sie bei Gefahr blitzschnell verschwinden.

gelrechten Barschbergen sprechen kann. In den verkrauteten Abhängen finden aber nicht nur die Barsche Nahrung und Schutz, auch viele Hechte und Aale zieht das Revier an. Im Kraut liegen nicht selten Waller auf der Lauer. Barschberge sind fast ohne Ausnahme extrem fischreich. Und im Freiwasser davor streifen Zander umher.

Gelegentlich sichtet man Barsche ohne schwarze Farbkörperchen, die sogenannten Goldbarsche. Man vermutet, daß diese Farbvarietät durch organischen Streß infolge Überbeanspruchung während der Laichzeit hervorgerufen wird

BARSCH-REKORDE

Unter idealen Bedingungen erreichen Barsche durchaus Lebendgewichte von drei bis vier Pfund. Sie sind dann etwa acht bis zehn Jahre alt. Aber es gedeihen hin und wieder in Stauseen wahre Barschmonster. Sagenhafte 14 Pfund wog ein Exemplar, das nach einem Dammbruch im Edersee gefunden wurde. Wie alt der Riese war, ließ sich nur grob schätzen, etwa 20 Jahre mag er auf dem Buckel gehabt haben.

Barsche sind aber auch gut für negative Rekorde. Überwiegen sie in einem Gewässer und fehlen die natürlichen Feinde, neigen sie zur Verbuttung, das heißt, sie bleiben sehr klein, selbst noch nach fünf bis sechs Jahren. Dabei spielt die Art des Lebensraumes eine untergeordnete Rolle. Selbst in großen Flüssen kann es vorkommen, daß sich regional nur halbe Portionen entwickeln, was dann aber nicht mehr erklärbar ist, denn Platz wäre ja genug, um auch große Exemplare aufkommen zu lassen. Sicher ist, daß in extrem kalten Auwaldseen mit Quellflüssen Perca fluviatilis nur Däumlingsgröße erreicht. Ursache dürfte der durch die niedere Temperatur reduzierte Stoffwechsel sein.

Obwohl beim Barsch die Augen sehr gut ausgeprägt sind und er damit Freund und Feind über große Distanzen erkennen kann, findet sich der quirlige Jäger auch in trüber Umgebung zurecht. Dabei hilft ihm in erster Linie sein wie ein Radarsystem funktionierendes Seitenlinienorgan. Er registriert damit feinste Druckwirbel und Flossenbewegungen von Beutefischen, aber auch von Räubern, vor denen er selbst auf der Hut sein muß. Und er kann, was anderen Fischen nur durch Schwimmen gelingt, seine Umgebung selbst im Ruhezustand „erriechen". Barsche sind nämlich in der Lage, durch Erweiterung der Nasenhöhlen aktiv Wasser einzusaugen und auf Geruchsstoffe hin zu untersuchen. Damit können sie prüfen, ob Gefahr droht, die Wasserqualität abnimmt oder steigt, Giftstoffe vorbeitreiben (in verdreckten Flüssen etwa) oder sich Beute in der Nähe aufhält. Er schlägt sich durch, der Flußbarsch, dessen Name etwas irreführend ist, denn er besiedelt ja nicht nur Fließgewässer.

***Oben:** Nachts suchen die kleinen Barsche im Dickicht der Wasserpflanzen Schutz. **Rechts:** Schuppen und Kiemen eines Flußbarsches. Farbiger als erwartet. **Rechte Seite:** In Deutschland regional bereits ausgestorben: Der Kaulbarsch ein Verwandter des Flußbarsches.*

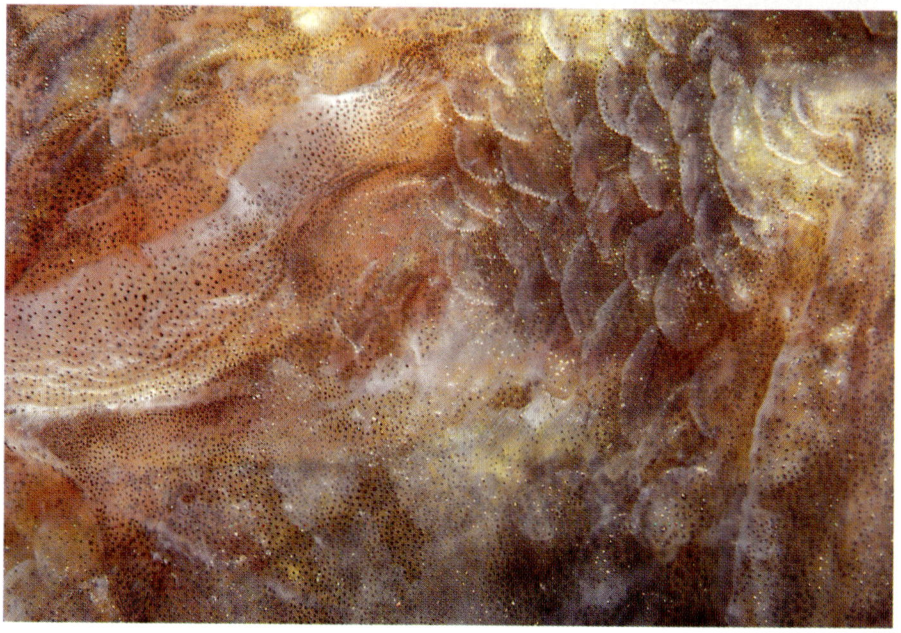

Immer wieder ist zu lesen, daß es in großen Seen drei ökologische Formen des Barsches geben soll:

- In der Uferzone den kräftig gefärb ten Krautbarsch,
- Im Freiwasser den helleren Jage- oder Jagdbarsch,
- Weit unten bis 50 Meter Tiefe den dunklen Tiefenbarsch.

Hierzu kann ich aus der Erfahrung zahlloser Tauchgänge sagen, daß diese Farbtrennungen in erster Linie auf der Gewässerfarbe und der Art des Pflanzenbewuchses beruht. Barsche, die im Flachen leben, müssen farbiger sein, damit sie im Spiel des Sonnenlichtes besser getarnt sind.

Steht der Barsch hingegen im Freiwasser, nimmt er eher eine hellgrüne Farbe an. Er ist dann von seinen Feinden (-Hecht, Seeforelle, Zander) nur schwer auszumachen. Zieht er sich in tiefere Regionen zurück, wird er dunkler. Ob man diese Farbvarianten aber als ökologische Arten bezeichnen kann, ist meines Erachtens fragwürdig. Man findet nämlich gelegentlich auch im

Seichten dunkel gefärbte Barsche, wenn der Untergrund aus braunem Schlamm besteht. Daß sich Barsche bis in Tiefen von 50 Metern zurückziehen, muß indes als Ausnahme gewertet werden. Unterhalb von 30 Metern Tiefe nimmt der Fischbestand eines Sees rapide ab. Jungfische und kleine Fischarten wie Moderlieschen, Schneider, Elritzen und Gründlinge, also seine Hauptnahrungsquelle, findet Perca dort unten nicht mehr. Und die großen Reinankenschwärme in 50 bis100 Metern Tiefe sind als Beute für ihn zu groß. Geklärt sind diese Fragen noch nicht endgültig. Man meint den Barsch zu kennen, doch er gibt immer noch Rätsel auf.

DER KAULBARSCH

Zu seinen nächsten Verwandten gehört der Kaulbarsch (Acerina cernua). Er bleibt kleiner als der Flußbarsch, 400 Gramm und 25 Zentimeter Länge sind bereits kapitale Maße. Meist wird er nicht größer als 15 Zentimeter. Farbenprächtig, freßgierig und für Angler äußerst lästig (stiehlt die Köder vom Haken), kommt er auch häufig in Flußmündungen und Brackwassergebieten vor.

Vom Kaulbarsch wird erzählt, daß man ihn mühelos mit der Hand fangen könne. Dazu fehlt mir der Glaube, denn beim Fotografieren erwies sich Acerina als unglaublich lebendig, flink, raffiniert und listig. Gute Kaulbarschbilder bedeuten Arbeit. Nur nachts liegt er ruhig am Grund.

Nachgesagt wird dem Kaulbarsch außerdem, daß er empfindlich sei. Gegen schmutziges Wasser vielleicht, aber nicht gegen Streß. An einem See wurden Kaulbarsche beobachtet, die mit wenigen Atemzügen aus einer Wasserpfütze in einer verlandeten Zone stundenlang ausharrten und dann nach einem Gewitterregen putzmunter ins Freiwasser entkamen.

Um in Seen besser überleben zu können, mischen sich Kaulbarsche häufig unter die Schwärme gewöhnlicher Barsche. Dadurch erhöhen sich die Chancen beträchtlich, nicht gleich als Solist von einem Hecht angegriffen zu werden. Ob sich der Kaulbarsch hierdurch auch mit Flußbarschen kreuzt, ist nicht bekannt. Aber auch die Taktik, sich hinter der Sicherheit eines fremden Schwarmes zu verstecken, hat nicht verhindern können, daß er durch die menschliche Zivilisation langsam an den Rand seiner Existenz gedrängt wird. Gefahr besteht für den Kaulbarsch bereits regional, wo er von der Öffentlichkeit unbemerkt, zunehmend in den Einzugsbereich der Roten Liste der vom Aussterben bedrohten Arten gerät.

Dicht unter der Wasseroberfläche stehend, spiegelt sich der Hecht wie in einer Glasscheibe

Hechte gehören zu den am besten erforschten Süßwasserfischen. Aber je mehr man von ihnen weiß, desto rätselhafter werden sie einem wieder. Wer Hechte in freier Wildbahn beobachtet, muß seine Erfahrungen immer wieder neu machen. Da gibt es die Vorsichtigen, an die man höchstens einen Meter herankommt, bevor sie sich zurückziehen. Manche sind neugierig, sie bleiben stehen - die ganz Zutraulichen kann man sogar berühren. Und weil Hechte Individualisten sind, spielt die Größe im Verhalten eine untergeordnete Rolle. Riesenhechte sind weder mutiger noch ängstlicher als die Kleinen, wobei Mut und Angst nicht den Kern der „Hechtpsyche" treffen - Vorsicht und Schlauheit passen in diesem Fall vielleicht besser zur Kennzeichnung der Verhaltensmuster. Widersprüchliches ist auch über die Einstände bekannt. Zwar lieben Hechte gern die Deckung von ins Wasser gefallenen Bäumen oder das Dämmerlicht eines Seerosenwaldes, aus dem sie ihre Angriffe starten. Doch es gibt Einzelgänger, die ständig im Freiwasser stehen. Manchmal unglaubliche 20 Meter tief. Andere folgen den Fischschwärmen bis weit in den See hinaus.

HECHT DER GNADENLOSE

WIE EIN SCHATTEN

Farbrezeptoren in der Haut geben dem Hecht in Abhängigkeit von seiner Umgebung die passenden Tarnfarben. Von Hellgrün bis Schwarz sind alle Schattierungen vertreten. In der von Sonnenkringeln übersäten Uferzone nimmt er hin und wieder ein Schuppenmuster an, so daß er bis zur Unkenntlichkeit vor dem Hintergrund verschwimmt. Einen perfekter getarnten Lauerräuber kann man sich im Süßwasser kaum vorstellen.

Ortet er einen Beutefisch, verwandelt sich der langgestreckte Körper mit dem entenschnabelähnlichen Maul in ein tödliches Geschoß. Man kann nur unvollkommen beschreiben, was sich hier in Sekundenbruchteilen abspielt. Hat der Hecht die vermeintliche Beute erst einmal mit den Augen fixiert, kann das Opfer nur noch auf Glück hoffen. Mit der Geschwindigkeit eines Torpedos - das sind etwa acht Meter pro Sekunde! - schießt Esox lucius, wie der Hecht von den Wissenschaftlern genannt wird, der Beute entgegen. Sie wird in aller Regel

Kurz vor dem Zustoßen. Hat das Opfer einmal diese Perspektive vor Augen, ist es in aller Regel zu spät für eine Flucht.

Oben: Hechthochzeit mit vielen Freiern und einer Dame. Nach dem Ablaichen wird es für die Männchen gefährlich, denn das größere Weibchen nimmt augenblicklich Jagd auf sie.
Darüber: Hechte orten auch bewegungslose Beutetiere. Diese Güster stellt sich tot, aber es nützte ihr nichts. Kurz nach dieser Aufnahme tat es einen Schlag und sie lag quer im Maul des Hechtes.

ohne Taktik und Plan zuerst einmal so kräftig gepackt, daß die Schuppen eines gefaßten Fisches wie Sterntaler durchs Wasser spritzen. Der Schock durch die Urgewalt der gnadenlosen Attacke und der schraubstockartige Biß können das Opfer zeitweise lähmen, es zappelt nicht einmal mehr.

Dann versucht der Hecht, sein Opfer so zu drehen, daß es mit dem Kopf zuerst verschlungen werden kann. Diese Technik hat den Vorteil, daß Flossen, Stacheln und Schuppen ohne Widerstand durch den Rachen gleiten. Wenn es aber mit dem Verschlingen vom Kopf her nicht klappt, zieht er die Beute auch mit dem Schwanz zuerst in den Schlund. Kleine Fische gelangen auf diese Weise ohne Probleme bis in den Magen. Größere bleiben stecken - manchmal schauen nur noch Maul und Auge aus dem Schlund - und werden, obwohl schon fast völlig verschlungen, wieder ausgewürgt und sofort erneut attackiert, diesmal von vorn. Ein unpraktisches Jagdverhalten, das ich schon häufig beobachten konnte. Hechte fassen also nicht, wie immer behauptet wird, nach bestimmten Regeln und Verhaltensmustern ihre Beute. Mal schnappt der gnadenlose Jäger vom Bauch her zu, mal vom Rücken.

Daß Hechte futterneidisch um die Beute streiten, hat der Autor schon mehrmals gesehen. An manchen Beutefischen frißt ein Hecht von vorn, der andere von hinten, bis einer von beiden aufgibt, weil er sonst mit verschlungen wird.

Nicht jeder Angriff klappt auf Anhieb. Einen gesunden Fisch überwältigt der Hecht nur in Wegelagerermanier. Nicht selten schießt er am Ziel vorbei - die Opfer sind nämlich auch nicht langsam - und knallt mit dem Kopf in den Schlamm, gegen Steine oder Wurzeln. Die vernarbten Mäuler vieler Hechte sprechen eine deutliche Sprache. Und so manche sicher gewähnte Beute kämpft um ihr Leben, daß dem Hecht Hören und Sehen vergeht, fügt ihm gar selbst schwerste Verletzungen zu. Ich selbst konnte beobachten, wie ein Bisam - bereits vom Hecht gepackt - dem kapitalen Räuber den halben Oberkiefer abbiß.

Zielsicher erkennt Esox in einem Schwarm die kranken und alten Fische. Wie ist noch unbekannt, doch muß man annehmen, daß er über sein Seitenlinienorgan die Druckwellen gesunder Fische von denen der kranken und schwachen unterscheiden kann.

BLUTIGE HOCHZEIT

Kannibalismus steht bei Hechten auf der Tagesordnung. Selbst die kleinsten unter ihnen fressen ihre Brüder und Schwestern, auch wenn diese fast so groß wie der Angreifer sind. Auf engem Raum - es gibt Seen, da stehen sie im Zwei-Meter-Abstand voneinander - halten sich auf Dauer nur gleichgroße Rivalen. Nur während der Laichzeit im Frühjahr ist der Beutetrieb soweit ausgeschaltet, daß sich auch kleine Männchen an riesige Hechtweibchen trauen dürfen. Umgekehrt geschieht es eher selten.

Man war früher der Ansicht, eine

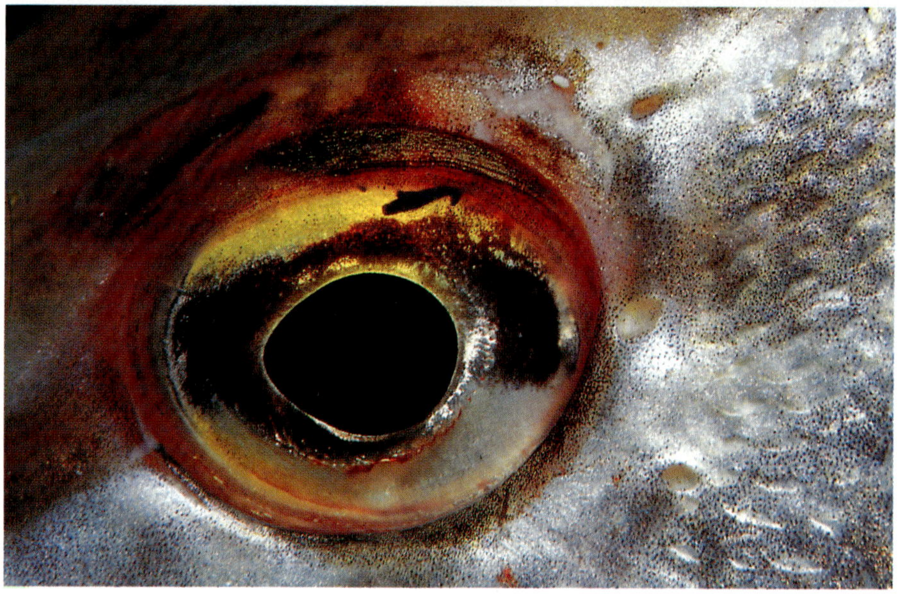

Oben: Deckung und Jagdversteck zugleich. Stundenlang kann der Hecht unbeweglich stehen
Rechts: Hechte reagieren vor allem auf Bewegung. Ihr Auge kann schwimmende Fische in klaren Seen über eine Sichtweite von 20 Metern und mehr erkennen.

Hechthochzeit spiele sich zwischen einem Rogner (Weibchen) und maximal zwei bis drei Milchnern (Männchen) ab. Jedoch hat der Autor eindeutiges Fotomaterial, das eine Hechtdame mit einem halben Dutzend Freiern beim Laichen zeigt. Es darf sogar angenommen werden, daß sich im Einzelfall noch mehr Hechte bei der Hochzeit einfinden können. Friedlich geht es da beileibe nicht zu. Die Milchner drängeln, schieben und beißen einander, manche Schwanz- und Bauchflosse bekommt Risse. Manchmal tragen die Rivalen blutige Kämpfe aus. Der eigentliche Laichakt geht nach einem Vorspiel von vielen Tagen in Minutenschnelle über die Bühne. Dann flüchten die Hechtmännchen in wilder Panik, denn sie spüren, daß der Rogner nun sein Verhalten ändert. Er macht jetzt Jagd auf die Hochzeiter, und wer nicht schnell genug verschwindet, landet im Magen der Braut...

Großes Foto: Unersättlich! Auch wenn die Beute kaum durch den Schlund passen will, der gnadenlose Jäger zieht alle Register seiner Freßgier.
Kleines Foto: Auch wenn keine Hochzeit stattfindet, wie hier im August, stehen Hechte mitunter beieinander. Allerdings nur, wenn beide gleich groß sind.

Oben: Ein Verhalten, das den Jagdtrieb des Hechtes verdeutlicht: Obwohl der Hasel als Beute viel zu groß ist, wird er verfolgt und angegangen.
Rechts: Jetzt fehlen nur noch die Männchen, dann kann abgelaicht werden. Nach Aussagen von Hechtexperten sollen die weiblichen Tiere erheblich größer als die männlichen werden.

HECHT UND MENSCH

Seit Urzeiten jagt der Mensch den Hecht, als Nahrungserwerb und Sport. Doch manchmal bleibt der Fisch Sieger. Er beißt das Stahlvorfach ab, zerreißt die Angelschnur oder wickelt sich mitsamt Köder und Leine um einen versunkenen Baum. Steigt die Wassertemperatur, beschleunigt sich sein Stoffwechsel und es kommt zu Attacken auf Schwimmer, die - wenn große Hechte daran beteiligt sind - nicht selten im Krankenhaus enden. Die Eigenschaft der Hechte, nach allem zu schnappen, was sich bewegt, führt auch dazu, daß Zehen, Waden und Finger attackiert werden. Der Autor wurde vor vielen Jahren von einem riesigen Hecht beim Auseinanderschieben von Wasserpflanzen in den Taucherhandschuh gebissen! Hechte können unter idealen Bedingungen etwa anderthalb Meter lang und 30 Kilo schwer werden. In der Literatur wird immer wieder von Riesenexemplaren berichtet, die zwei Meter lang und 50 Kilo schwer sein sollen, - gesehen oder gefangen hat sie aber noch niemand. Auch wird Esox nachweislich keine 100 Jahre alt, sondern bestenfalls 30 bis 40. Der Hecht widersetzt sich allen Versuchen des Menschen, ihn wie andere Fische - zum Beispiel Karpfen und Forelle - nach Belieben zu züchten. Das ist leider ein schwieriges Geschäft, denn der Kannibalismus der Hechte führt in einem Fischteich dazu, daß sie sich gegenseitig dezimieren.

Links: Ist das nicht ein wirklich furchteinflößender Anblick? Lautlos wie ein U-Boot schleicht sich der Hecht an sein Opfer heran, scheinbar reglos. Aber gleich wird er das Riesenmaul aufreißen!

QUAPPE EIN DORSCH IM SÜSSWASSER

Als einzige Dorschart lebt die Quappe (Lota lota) im Süßwasser. Sie wird auch Trüsche, Rutte oder Aalquappe genannt. Charakteristisch ist der Bartfaden am Kinn. Der räuberisch lebende Grundfisch zieht sich tagsüber in Schlupfwinkel zurück und wird erst gegen Abend aktiv. Aus dem langgestreckten, walzenförmigen, braungefleckten Körper (Unterseite weißlich) mit dem stumpfen Maul und den glasigen Augen wird nachts ein Räuber der Tiefe.

Als der Autor diese Szene sah, glaubte er zu träumen. Diese Trüsche hat es sich in einem Badeschuh bequem gemacht. Rechts, großes Foto: Der trägen Aalrutte würde man diese Gewandtheit normalerweise nicht zutrauen. Hier hat sie eine Elritze erbeutet

DÜSTERE LEBENSWEISE

Quappen kann es weder zu finster noch tief genug sein. Obwohl sie auch in Fließgewässern (Rhein, Elbe) nicht selten sind, fühlen sie sich erst so richtig wohl, wenn es mörderisch tief und eiskalt ist. So beherbergt nach wie vor der Bodensee die größten Vorkommen. Ältere Tiere tauchen im Schwäbischen Meer auf über 200 Meter Tiefe hinab und verbringen dort unten ihren Tag. Erstaunlich dabei, wie Lota den ungeheueren Druckunterschied ohne Dekompressionsprobleme bewältigt, denn zur Nahrungssuche steigen die Rutten wieder nach oben.

Jüngere Tiere verkriechen sich bei Tagesanbruch zwischen Steinen und Wurzelholz, unter versunkenen Baumstämmen, in Uferhöhlen und vermoderndem Laub. Sie sind dann schon aufgrund ihrer dunklen Färbung kaum mehr auszumachen. Feinde haben sie nur wenige zu fürchten (Waller und Hecht), aber andere Fische zittern vor ihnen. Denn bei Einbruch der Dämmerung verwandelt sich die träge Quappe in ein verfressenes Gespenst, das mit Vorliebe Laich- und Brutraub betreibt. Schlafende Fische überfällt der Süßwasserdorsch mit Hilfe seines ausgezeichneten Tast- und Geruchsinns. Kaulbarsch, Gründling, Plötze, kleine Salmoniden und Krebse stehen auf der Speisekarte obenan. Ausgewachsene Quappen (einen Meter lang, 25 Kilo schwer) greifen auch größere Fische bedenkenlos an. Beklemmend erscheint der Nahrungserwerb der im sibirischen Kolyma-Fluß lebenden Quappen, die vorwiegend den eigenen Nachwuchs fressen.

Steht Hunger ins Haus, weicht Lota aber ohne zu zögern von der gewohnten Lebensweise ab und raubt auch am Tag. Elritzenschwärme können im Chor ein Lied davon singen. Mit offenem Maul fährt die Quappe in die pulsierenden Wolken der kleinen Schotterlaicher hinein, nicht selten enden zwei oder drei Elritzen gleichzeitig im Maul. Quappen fressen sich voll, bis sie fast aus dem Gleichgewicht geraten. Ermattet lassen sie sich dann auf den Grund sinken, um zu verdauen. Obwohl Lota als mürrischer Einzelgänger ihr Leben verbringt, ist sie sich nicht zu schade, Schwarmfische auch mal im Teamwork zu jagen. Dabei legt der Son-

Oben: Am liebsten verkriechen sie sich unter versunkenem Laub, zwischen Bruchholz und in Höhlen. Rechts: In der Dämmerung können Aalrutten so gut sehen wie Katzen. Rechte Seite, unten: Wenn die Sonne untergeht, werden Aalrutten munter. Sie steigen dann aus großer Tiefe ins Flachwasser auf.

derling eine nie gekannte Dynamik an den Tag. Einen flüchtenden Kleinfisch im Freiwasser zu erbeuten, scheint eine der leichtesten Übungen für ihn zu sein.

TANZ DER DÄMONEN

Hochzeit feiern Quappen im Winter, in den Monaten November bis März. Ein faszinierendes Schauspiel beginnt. Wie hypnotisiert streben alle Quappen aus der Umgebung einem bestimmten Platz zu und veranstalten ein wildes Festival der Liebe. Zuckend umkreisen sie sich, die Bewegungen werden immer schneller und hektischer, jeder tanzt mit jedem, dann strebt das Jungvolk ins Flachwasser und laicht ab, die Alten verziehen sich in die Tiefe und deponieren ihre Eier, mörderisch tief, weitab von anderen Laichräubern.

Schwindelerregende Eizahlen von bis zu fünf Millionen Stück pro Weibchen gelangen ins Wasser. Mit Hilfe einer kleinen Ölkugel schweben sie oder steigen zur Oberfläche auf. Hier dezimieren Freiwasserfische den Laich aber erheblich, so daß wiederum nur wenige Larven ein fortpflanzungsfähiges Alter erreichen.

WINTERZEIT - FRESSENSZEIT

Kein Fisch des Süßwassers legt eine solche Verhaltensweise an den Tag. Im Sommer stellen Quappen die Nahrungssuche teilweise ganz ein, zumindest in südlichen Gewässern, um dann aber im Winter um so mehr reinzuhauen.

Wenn sich andere Fische zur Ruhe begeben, ihren Winterschlaf beginnen, dann zwickt der Hunger in den Gedärmen der Quappen. Für Lota ist jetzt der Tisch reichlich gedeckt, denn zielsicher spürt der Süßwasserdorsch seine Futterfische im Versteck auf. Er überfällt sie im Winterschlaf - die Beute ist dann träge und leichter zu erbeuten. Die Quappe findet ihre Opfer selbst dann, wenn diese sich eingegraben haben und bereits im Zustand der Winterstarre befinden. Quappen besitzen das scharfsichtigste Auge aller Süßwasserfische, in der Dämmerung können sie sehen wie Eulen, sind aber gleichzeitig total farbenblind.

Die kalte Jahreszeit macht sie auch wanderfreudig. Sie ziehen weite Strecken umher, plündern wie Banditen die Uferzonen, dringen in Wildbäche ein und streben sogar bis in Forellenregionen von über 1200 Metern Höhe. Dort richten sie mitunter große Schäden an.

SCHWER ZU FANGEN

Quappen besitzen äußerst schmackhaftes und grätenloses weißes Fleisch mit einer delikaten Leber, die extrem jodhaltig und bandwurmgefährdet ist. Aber vor dem Verzehr steht das Problem des Fangens. Sportfischer landen Lota fast nur nachts, und selbst dann nicht immer. Berufsfischer stellen dem Süßwasserfisch mit Netzen und Reusen nach, aber die Fänge lassen häufig zu wünschen übrig. Mit ein Grund mag sein, daß Quappen infolge Flußverbauungen im Wanderverhalten gestört sind und die heutigen Populationen bei weitem nicht mehr die Größe von früher haben.

Weil sie als Laich- und Bruträuber edler Speisefische (Forellen) gelten, wurden sie früher in vielen Gewässern mit Elektrobefischungen zurückgedrängt. So hat sich der Quappenbestand erheblich verringert. Die zähen Fische (lassen sich außerhalb des Wassers in nasse Tücher eingewickelt stundenlang lebend transportieren!) sind ursprünglicher Bestandteil der heimischen Gewässer und sollten durch Besatzmaßnahmen erhalten und teilweise wieder angesiedelt werden. Wie ein Feinschmecker einmal sagte, ist die Quappe im Grunde ein Edelfisch. Dabei muß es nicht soweit kommen wie einst, als die Äbtissin des Züricher Frauenklosters, Elisabeth von Metzingen, ein Lehngut verkaufte, um die Versorgung der Nonnen mit Quappenleber zu sichern. Begehrt war damals von manchen Zeitgenossen auch die Haut, aus der geschickte Leute langlebige Fensterscheiben herstellten.

WALLER
DER JÄGER IN DER DUNKELHEIT

Sagenumwoben haust er in der Tiefe, im Schlamm, unter Wurzelwerk, in Höhlen. Silurus glanis, Wels oder Waller genannt, ist Europas größter Süßwasserraubfisch, ein schwimmender Gigant. An Größe und Gewicht wird er nur noch von Hausen und Stör übertroffen, die allerdings keine reinen Süßwasserfische sind. Freiwasseraufnahmen von Welsen gehören schon deshalb zu den fotografischen Raritäten, weil diese Fische tagsüber vorzugsweise in Schlupfwinkeln leben, wohin ihnen der Mensch kaum folgen kann. Außerdem lieben sie trübes Wasser.

Wallerhochzeiten sind etwas besonderes. Oftmals geht es so wild zur Sache, daß die Fetzen fliegen. Auch kommt es vor, daß sich mehrere Waller zu einem Hochzeitsrudel vereinigen und im Freiwasser werben. Rechts, großes Foto: In Deutschland sollen die größten Welse im Bodensee leben. Doch werden auch aus Flüssen immer wieder kapitale Fänge gemeldet.

DÜSTERE LEBENSWEISE

Vieles am Waller ist unbekannt, denn Verhaltensforscher und Biologen haben es schwer, dem graubraunen Fleischberg durch sein nasses Reich zu folgen. Der nachtaktive Fisch ruht am Tage. Aber nicht ausschließlich im Dickicht von Pflanzen und Bruchholz, wie häufig beschrieben, sondern ebenso in mächtigen Schlafkuhlen, die er sich völlig untypisch auf großen, ungeschützten Sandflächen anlegt. In vielen Seen - es hängt von der Uferstruktur ab - durchziehen Dutzende von Mulden die Schlammebenen und Badebuchten. Oft liegen die Waller in regelrechten Kolonien nur unweit der Strandbäder in vier bis sechs Metern Tiefe stumm und starr wie Baumstämme. Kein Mensch würde sie dort vermuten.

Wird das Gewässer von Schwingwiesen gesäumt, wühlen sie sich darunter regelrechte Höhlensysteme, in denen sie den Tag verbringen. In dieser unheimlichen und lichtlosen Welt sah ich auch die sagenumwobenen Speisekammern der Welse, in denen dichte Schwärme von Rotaugen, Lauben und Karauschen quasi als Lebendfutter gehalten werden. Unbeabsichtigt schufen die Räuber mit ihren gewaltigen Körpern auch Raum für schutzsuchende Friedfische, die sich zu Tausenden in der Finsternis einfanden und den Wallern als lebendiger Vorrat dienten. Wie im Schlaraffenland müssen sich die Giganten dort fühlen: Maul auf, und das Fressen schwimmt fast von allein hinein.

VIELFRASS

Gefressen wird alles, was in das riesige Maul paßt. Fische jeder Art, Wasservögel, Bisamratten, Krebse und Amphibien. Dran glauben müssen hin und wieder auch kleine Hunde, die arglos im Wasser herumpaddeln. Daß Waller auch Kleinkinder beim Baden in die Tiefe gezogen haben, ist zumindest zweifelhaft. Obwohl in ihren Mägen schon Überreste von Menschen - mit großer Wahrscheinlichkeit von Ertrunkenen - gefunden wurden.

Die kleinen Raspelzähne von Silurus eignen sich nicht zum Abbeißen oder

Zersägen. Die Beute wird immer im Ganzen verschluckt.
Welche Wucht und Dynamik hinter dem Angriff eines Wallers steckt, konnte ich selbst erfahren, als neben mir ein junger Wels eine Güster fing. Wie ein Schatten schoß der walzenförmige Körper an mir vorbei, ergriff das Opfer vom Kopf her und würgte es innerhalb einer Minute hinunter. Die Geschwindigkeit des Wallers war so groß, daß er beim Packen der dicht unter dem Wasserspiegel schwimmenden Beute vom eigenen Schwung durch die Wasseroberfläche getragen wurde.

Senkt sich die Dämmerung über See und Fluß, wird Silurus unruhig. Überall heben sich Köpfe im Schlamm, kleine schwarze Augen schauen nun munter und gierig aus den Verstecken. Eine unheimliche Armada rüstet sich zum Feldzug. Gegner ist der Hunger. Und der kann nur mit Unmengen von Beutefischen gestillt werden. Wie Wesen aus anderen Welten gleiten die Waller durch die schwarzen Fluten, Schlammfontänen hinter sich herziehend, mit den langen Barteln nach Nahrung tastend, das breite Maul leicht geöffnet, immer bereit, alles zu verschlingen. So durchstreifen sie kilometerweit ihr Revier und finden sich doch jeden Morgen bei Sonnenaufgang am gewohnten Schlafplatz wieder ein. Waller sind standorttreu.
In ihrer Jugend bilden Waller tagsüber mitunter kleine Kolonien von etwa 20 Tieren, die sich im Planzendickicht leicht abfallender Unterwasserhänge mit dem Kopf zuerst ins Kraut stellen und die Schwänze ins Freie strecken. Auffallend ist hierbei, daß die Fische fast alle gleich groß sind. Sehr kleine Waller stehen nie bei sehr großen, denn das kann tödlich für den körperlich Unterlegenen enden.

DAS MASS DER DINGE

Legenden ranken sich auch um die Gestalt des Wallers. Tatsache ist, daß er wirklich drei Meter lang und gut 200 Kilo schwer werden kann. Doch alle bisher gefangenen Waller blieben unter diesen Maßen. Da man einen Fisch, den man nicht selbst vermessen und gewogen hat, kaum schätzen kann, bleiben alle angeblich beobachteten Monster-Welse wohl Fabelwesen für feuchtfröhliche Stammtischdiskussionen.

Der größte Waller, den ich mit eigenen Augen gesehen habe, war ungefähr zwei Meter lang und wog etwa 60 bis 70 Kilo. Ein Monstrum, das in der Finsternis seiner Schlafkuhle lag und bei meinem Auftauchen nur den mächtigen Schädel kurz anhob, als wollte es sagen: "Verschwinde, ich will meine Ruhe haben!" Angst hatte dieser Koloß vor mir wahrlich nicht.

Als „Ungeheuer vom Zwischenahner Meer", einem 565 Hektar großen Binnensee nahe der niedersächsischen Stadt Oldenburg, machte vor Jahren ein angeblich 3,5 Meter langer Riesenwels Schlagzeilen. Ein Polizeihauptmeister der dortigen Wasserschutzpolizei

Oben: Dieser kleine Waller zog sich vor dem Fotografen so in den Schlamm zurück, bis er nicht mehr zu sehen war.
Unten: Nur unweit einer belebten Badebucht hat sich dieser Riese niedergelassen. Die Wassertiefe betrug weniger als vier Meter.

schwor Stein und Bein, daß der Fischgigant nur unwesentlich kürzer als sein 4,5 Meter langes Dienstboot gewesen sei. Moby Dick, wie Touristen und Fischer das Monster tauften, wurde allerdings nie gefangen und auch nie mehr gesichtet. Für einen Sommer lang wurde so das Zwischenahner Meer zum deutschen Loch Ness.

Dramatische Wirklichkeit war indessen das Abenteuer zweier Bodenseeangler, denen unerwartet ein Wels-Gigant an den Haken ging. Er zerrte die beiden Sportfischer mitsamt Ruderboot elf Stunden lang hinter sich her über den See. Erst mit Hilfe zweier weiterer Männer konnte der Unhold überwältigt werden.

Glück hatte auch ein Berufstaucher in Ostdeutschland, der einen Brückenpfeiler auf seine Haltbarkeit inspizieren mußte und dabei wohl einen Riesenwels beim Schlafen störte. Der kapitale Fisch, vermutlich über zwei Meter lang und etwa 150 Kilo schwer, attackierte den Taucher mit wilden Kopfstößen, so daß sich dieser mehrere Rippen brach und um sein Leben kämpfen mußte. Selbst der Einsatz des Tauchermessers konnte den wildgewordenen Waller nicht bremsen. Schließlich mußte der angegriffene Taucher ans Ufer flüchten und landete im Krankenhaus. Der Waller hatte sein Revier erfolgreich verteidigt.

Oben: Unter Bäumen, in Erdspalten und tief im Kraut fühlen sich Waller am Tage sicherlich am wohlsten.
Mitte: Wie gut die kleinen Knopfaugen der Waller wirklich sehen, ist noch immer ein Geheimnis.
Unten: Waller beobachten ihre Umgebung sehr aufmerksam.
Links, großes Foto: Beutefische werden mit unwiderstehlichem Sog durch den Rachen geschleust.

Diesem Moderlieschen kann keiner mehr helfen. Der Zander hat es aus dem Hinterhalt überfallen.

ZANDER BIS AN DIE ZÄHNE BEWAFFNET

Wie ein Unhold steht er im Dämmerlicht der Tiefe, der Zander, die größte Barschart unserer Gewässer. Metallisch schimmert sein Körper, aus dem furchterregenden Maul ragen vier große Fangzähne, die stachelbewehrte vordere Rückenflosse verleiht dem langgestreckten Körper etwas Bedrohliches. Der Zander oder Schill, wissenschaftlich Lucioperca lucioperca genannt, was übersetzt soviel wie Hechtbarsch heißt, gehört zu den eigentümlichsten Raubfischen unserer Heimat. Sein Jagdverhalten unterscheidet ihn deutlich vom Hecht, auch bevorzugt er andere Standplätze und

DAS UNHEIMLICHE KATZENAUGE

Fotografiert man einen Zander unter Wasser, so bricht sich das Blitzlicht im Auge häufig so, daß man meint, der Fisch sei blind. Wie eine weiße Kuppel ragt dann das Sehorgan aus dem spitzen Schädel. Doch der Zander ist alles andere als ein schlechter Seher. Besondere Rezeptoren verstärken das Restlicht im Zanderauge so, daß er selbst in großer Tiefe wie eine Katze sehen kann. Seine bevorzugte Beute - Lauben, Rotaugen, Maränen und Stinte - hat gegen den nachtsichtigen Jäger nicht den Hauch einer Chance. Selbst in absoluter Dunkelheit findet er sich dank seines überragenden Seitenlinienorgans bestens zurecht. So besiedelt der Zander sehr erfolgreich sommertrübe Seen, in denen er aufgrund seiner Lebensweise sogar dem Hecht Konkurrenz macht. In milchig trübem Wasser nehmen Zander häufig ein fast weißes Aussehen an - eine Tarnung, die ihren Jagderfolg deutlich verbessert.

DIE JAGD BEGINNT

Kleine Zander suchen, anders als die großen, häufig die mit Algen, Pflanzen und Bruchholz versehene Uferzone auf. Dort lauern sie wie Wegelagerer kleinen Futterfischen auf, schleichen sich heran, stoßen urplötzlich zu, verschlingen die Beute meist mit einem einzigen Zuschnappen. Um selbst nicht Opfer anderer Räuber zu werden, schließen sie sich häufig zu kleinen Schulen zusammen - manchmal 50 Stück oder mehr - und mischen sich unter Barschschwärme, in deren Mitte sie relativ gut geschützt sind. Dabei bevorzugen sie raffinierterweise nur solche Schwärme, in denen die Mitglieder kleiner oder höchstens so groß wie sie selbst sind. Das gibt erstens die nötige Sicherheit, und zweitens fällt im Schwarm gelegentlich ein kleiner Barsch als Beute ab.

Weil Zander ihr Maul nicht übermäßig dehnen können, besteht die Nahrung überwiegend aus Fischen, deren Länge bis zu einem Fünftel der eigenen Körpergröße beträgt. Diese überwältigt der "Hechtbarsch" ohne Schwierigkeiten sowohl von vorn als auch von hinten, in der Regel aber seitlich, wobei ein ausgeklügelter Gebißmechanismus verhindert, daß lebhafte und schleimige Fische entkommen können. Allerdings dreht er den Beutefisch nicht wie der Hecht in kleinen, kurzen Bewegungen, sondern eher schnell mit heftigem Schlagen des Kopfes, mitunter läßt er kurz los, um die Beute längs zu verschlingen. Dabei ist es ihm gleich, ob das Futter mit dem Kopf oder dem Schwanz zuerst im Magen landet.

Große Zander stehen fast immer im Freiwasser, manchmal sehr tief, 20 Meter und mehr. Oder sie liegen am Tage auf abfallendem Seegrund in Sand, Kies oder Schlammkuhlen. Ziehen Schwarmfische durchs Revier, patrouilliert der Zander auch längere Strecken dicht über dem Boden. Gelegentlich jagt er, was andere Süßwasserraubfische (außer Barsch) nie tun, im Verbund mit Artgenossen. Dann geht im wahrsten Sinne des Wortes die Post ab. Ein solcher Zandertrupp verwandelt die stille Beschaulichkeit eines Sees in ein Schlachtfeld.

Streift der Zander in Ufernähe umher, oder lebt er in einem kleinen Gewässer mit wenig Futterfischen, verschmäht er auch Molche, Wasserfrösche, Unken und Schwimmkäfer nicht.

RIVALEN UNTER WASSER

Zander und Hechte in einem Gewässer, geht das gut? Insbesondere in großen Seen und Flüssen kommen Zander und Hecht gemeinsam vor. Ihre Lebensräume sind allerdings verschieden. Steht

der Hecht oft Stunden bewegungslos im Kraut und lauert auf Beute, versucht der Zander sein Glück eher im Freiwasser. Weil Zander aus biologischen Gründen (der Magen ist bei weitem nicht so dehnbar wie beim Hecht), häufiger fressen müssen, gehen sie auch eher auf Nahrungssuche und wandern dabei erhebliche Strecken.

Was geschieht, wenn Zander und Hecht zusammentreffen? Bei gleichgroßen Exemplaren gehen sich die beiden entweder aus dem Weg oder stehen mitunter friedlich beieinander. Fast immer ist es aber der Hecht, der diese Partnerschaft auf Zeit mit ruppigen Drohgebärden beendet. Weicht der Zander nicht von der Stelle, blüht ihm

nützt ihm da wenig, denn Esox verschluckt ihn mit dem Kopf zuerst.
Umgekehrt nehmen Zander wiederum Rache am Hecht, indem sie das Jungvolk genußvoll verspeisen. Kleine Hechte bis etwa 15 Zentimeter Länge müssen die großen Zander fürchten, wenn diese auf ihren Raubzügen an der Uferzone vorbeischwimmen.
In vielen Gewässern, so wird vermutet, werden die Hechte vom Zander lang-

Links: Eigenartige Laichkuhle! Dieser Zander bewacht sein Gelege in einer alten Fischreuse. Unten: Noch scheinen die Bestände des Zanders ungefährdet Auch in Flüssen überlebt er vorerst sehr gut.

ein Angriff. Hechte sind weitaus stärker revierorientiert als Zander. Im schlimmsten Falle passiert es, daß der Zander, wenn er beträchtlich kleiner als der Hecht ist, von diesem gefressen wird. Die stachelige Rückenflosse

Oben: in Süddeutschland war der Zander früher selten. Heute findet man ihn Dank erfolgreicher Besatzmaßnahmen in vielen Gewässern.
Rechts: Dieser Brocken ließ sich durch nichts vertreiben. Als ihn der Fotograf mit der Hand berührte, öffnete er drohend sein zahnbewehrtes Maul.
Rechte Seite: Weil Zander ihr Maul nicht so weit dehnen können wie Hechte, sind die Beutetiere auch relativ klein. Hier wird ein Schneider gefressen.

fristig verdrängt. Ursache ist aber nicht die räuberische Überlegenheit des Zanders, der im Trüben die Junghechte überfällt, sondern sein artspezifisches Verhalten, den Laich zu bewachen. Dadurch erblicken viel mehr Jungzander das Licht der Welt. Diese Fürsorge ist dem Hecht fremd, er überläßt die Eier ihrem Schicksal, wobei natürlich ein Großteil umherziehenden Laichräubern (Quappen, Sonnenbarsche, Groppen und andere) zum Opfer fällt. Daß aber Hecht und Zander in etlichen Gewässern zu kapitalen Brocken heranwachsen - viele Altrheinarme beweisen es - zeigt deutlich, daß Platz für beide vorhanden ist, wenn das Jagdrevier groß genug ausfällt.

LEIBWÄCHTER

So ungehalten und lieblos Zander übers Jahr miteinander umgehen - Kannibalismus ist ihnen nicht fremd - so fürsorglich kümmern sie sich um den Nachwuchs. Naht die Laichzeit (Mai, Juni), wird aus dem Jäger der Tiefe ein Häuslebauer. Unter versunkenen Bäumen, im Dickicht von Bruchholz und Astwerk oder bei Bedarf auch auf freien Kies- und Sandflächen schaffen Männchen und Weibchen ein regelrechtes Nest in Form einer Laichgrube, in die dann auch abgelegt wird.

Wehe dem Fisch, der sich auch nur in die Nähe der Kinderstube wagt! Ihn trifft die Wut des Zandermännchens mit ganzer Macht. Auch Taucher mußten diesbezüglich schon bittere Erfahrungen machen. Scheu und Furcht sind jetzt völlig abgebaut, der größere Mensch kann den Zander weder beeindrucken noch erschrecken. Weicht Homo sapiens den Drohgebärden nicht, muß er mit heftigen Angriffen rechnen, die unangenehme Bißwunden im Gesicht zur Folge haben können. Wie diese aussehen, wenn ein 120 Zentimeter langer Zander die Beherrschung verliert, kann sich jeder selbst ausmalen.

Die Jungen schlüpfen je nach Umgebungstemperatur nach ein bis zwei Wochen, ernähren sich am Anfang von einem mitgeführten Dottersack, gehen aber alsbald auf Jagd nach Zooplankton. Ob sie wie der Barsch zur Oberfläche aufsteigen müssen, um die Schwimmblase mit Luft zu füllen, ist nicht eindeutig geklärt, doch scheint es so zu sein, denn ihr Verhalten deckt sich weitgehend mit dem der jungen Barsche.

Schon bei den Jungzandern zeigt sich die dieser Fischart eigene Lichtscheuheit. In klarem, sonnendurchflutetem Flachwasser würden sie binnen weniger Tage zugrunde gehen. Ihre Welt liegt im Dämmer der grünen Tiefe oder in den Algentürmen versunkener Äste. Dort verstecken sich auch Moderlieschen, Bitterlinge, Gründlinge und Plötzen. Nahrung genug für den hungrigen Nachwuchs.

HÜNEN IM SEE

Zander wachsen wie alle Fische ein Leben lang. Und das kann 20 Jahre währen. Am Ende dieses Alters mißt ein gutgenährter Zander etwa 130 Zentimeter und wiegt eventuell 15 Kilo. Solche Traumzander sind allerdings selten, nur wenigen Menschen war es bis jetzt vergönnt, einem solchen Jahrhundertfisch in freier Wildbahn zu begegnen oder ihn gar mit der Angel zu fangen.

Einmal sah ich in einem erweiterten Nebenarm des Rheins ein solches Monster der Tiefe. Der Anblick war unbeschreiblich. Halboffenes Maul, Zähne wie ein Kampfhund, die stachelige Rückenflosse segelartig hochgestellt, der Körper voll mit Narben und Schrammen. Abgeschabte Schuppen, Brust- und Schwanzflossen ausgefranst, die kugeligen Augen starr, fast weiß vom reflektierten Sonnenlicht. Etwa eine Minute dauerte die gruselige Begegnung mit dem Ungeheuer, dann verschwand der unheimliche und furchterregende Fisch schattengleich wie ein Wesen von einem anderen Stern in den unübersichtlichen Verzweigungen des Auwaldgewässers.

Unter den heimischen Cyprinidenarten (Karpfenfische) ist der Rapfen der einzige echte Raubfisch.

RAPFEN DER SILBERNE UNHOLD

Der Rapfen (Aspius aspius) ist ein Fisch, der aus dem Rahmen des Üblichen fällt. Nicht nur, daß es von ihm so gut wie keine Unterwasseraufnahmen gibt, er macht sich auch rar, was seinen Lebensraum betrifft. Vieles am Rapfen konnte bis heute nicht geklärt werden. So ist er der einzige Weißfisch, der sich zum totalen und wilden Jäger entwickelt hat, obwohl ihm die typischen Merkmale eines Raubfisches fehlen. Weder besitzt er die stacheligen Flossen von Barsch oder Zander noch das Gebiß der Hechte oder die Lebensweise der nachtaktiven Welse.

DER WILDESTE VON ALLEN

Bis zum zweiten Lebensjahr benehmen sich Rapfen gemäß ihrer Familie (Cypriniden) völlig normal. Sie fressen Schnecken, Krebschen, Asseln, Würmer, Fliegen auf dem Wasser, Käferlarven und ähnliches. Dann, fast über Nacht, verändert sich ihr Geschmack, und sie machen nun ausschließlich Jagd auf Fische und Kleinsäuger. Aus dem friedlichen Aspius wird ein Teufel in Fischgestalt, der ruhelos wie ein Hai die Gewässer durchstreift. Bei manchen Exemplaren, so hat man festgestellt, beginnt die Umstellung zum wilden Räuber bereits im ersten Lebensjahr. Opfer ist die Fischbrut anderer Wasserbewohner.

Hechte, Zander, Waller - die großen Raubfische unserer Seen und Flüsse sind Jäger aus natürlicher Veranlagung, bleiben indes berechenbar und lassen sich immer in ein gewisses Schema einordnen. Gegen den Rapfen wirken sie wie harmlose Taschendiebe. Kein Süßwasser-Raubfisch unserer Breiten besitzt eine derartige Unruhe und Mobilität. Permanent, fast ohne Ruhepausen einzulegen, zieht der Rapfen durch seine Welt, ohne wie der Hecht ein Revier abzustecken, ohne einen festen Schlafplatz zu besitzen wie der Wels, ohne die Lauer- und Fangtechnik der Zander anzunehmen.

Aspius ist anders. Mit irrwitziger Geschwindigkeit stößt er in Lauben- oder Plötzenschwärme hinein, schlägt mit dem Schwanz um sich, rammt die Beutefische wie ein Panzer und verschlingt dann die betäubt durchs Wasser taumelnden Opfer. Sein Jagdverhalten ähnelt dem der Schwertfische im Meer. Große Rapfen entwickeln auch Appetit auf Frösche, Wasserratten, Mäuse, Schlangen und junge Wasservögel. Grundsätzlich vertilgt der silberne Tor-

pedo nahezu alle tierische Nahrung, die er überwältigen kann. Er wird vielerorts auch Mäusetöter genannt. Seine Ruhelosigkeit erschwert eine gesicherte Verhaltensforschung, als UW-Fotograf hat man mit ihm seine liebe Not - allenfalls in der Nacht, oder wenn er viel gefressen hat, legt er sich mal ins Kraut, ruht auf Kiesgrund oder Schlammböden. Aber schon geringste Störungen treiben ihn wieder ins Freiwasser. Kleine Rapfen ruhen in der Nacht oft in treibenden Algengewächsen und Grasbüscheln. Morgens verlassen sie dann ihre mobilen Schlafzimmer und streben wieder flußaufwärts. In stehenden Gewässern verkriechen sich manche auch im Kraut, doch die Alten patrouillieren vorzugsweise im Freiwasser.

ROBUSTER RÜPEL

Normalerweise finden sich Rapfen in der Barbenregion. Doch sie haben auch die größeren Seen erobert, benötigen aber einen Zu- oder Abfluß, damit sie ihre Laichwanderungen durchführen können. Stationäre Bestände können sich in Einzelfällen anpassen und auch in stehendem Wasser ablaichen. Wasserverschmutzung und Sauerstoffarmut

verträgt Aspius besser, als man glaubt. Allerdings reagiert er sehr empfindlich auf Gewässerverbauungen, die seine Jagd- und Laichwanderungen begrenzen. Ein Riesenproblem, weshalb die Rapfenbestände, insbesondere in Donau, Rhein und Elbe hochgradig gefährdet sind. Flußbegradigungen, die für viele andere Fischarten das Ende bedeuten, stören ihn hingegen wenig.

Zum Ablaichen versammeln sich die Rapfen in Gruppen und unter wilden Tumulten. Bei Paarungsspielen spritzt das Wasser nach allen Seiten, und man-

Links: Seine Wildheit und der unbändige Drang zu rauben machen ihn zu einem beliebten Angelfisch.
Unten: Gierig verschlingt ein Rapfen seine Beute. Bereits im frühen Entwicklungsstadium beginnt er sein räuberisches Leben.

Oben: Rapfen gehören zu den schnellsten Raubfischen unserer Gewässer. Der Körper besteht von Kopf bis Schwanz aus kräftigem Muskelfleisch. Rechts: Ein Fisch wie ein Teufel. Mit elementarer Dynamik fährt er in Jungfischschwärme hinein, schlägt seine Opfer mit dem Schwanz bewußtlos und vertilgt sie dann beim Absinken oder Davontaumeln.

cher Rapfen verläßt schon mal sein Element mit einem wilden Sprung. Überhaupt Sprünge. Aspius gehört nicht nur zu den schnellsten und elegantesten Schwimmern, sondern auch zu den verrücktesten. Jagen Rapfen im Trupp, kocht das Wasser wie ein brodelnder Eintopf. In wilder Gier versuchen die Räuber an die Beute zu kommen, verfehlen aber manchmal das Ziel und schießen explosionsartig aus dem Wasser. Mancher Rapfen soll dabei schon Höhen von ein bis zwei Metern erreicht haben. Das macht ihm so schnell keiner nach. Daß der Räuberhaufen dabei sogar eine fast militärische Strategie entwickelt, verwundert bei diesem Fisch keinesfalls mehr. So wurde beobachtet, daß ein Rapfenführer den Beuteschwarm seinen hungrigen Genossen vors Maul trieb, während die Beute, von zwei Adjutanten eskortiert, am Ausbrechen gehindert wurde. Versuchen die Gejagten mit kleinen Schnalzern aus dem Wasser heraus zu entkommen, wartet beim Zurückfallen ein offenes Rapfenmaul auf die Geflüchteten. Daß Rapfen, insbesondere das Jungvolk, gelegentlich das Maul etwas arg voll nehmen, konnte ich hin und wieder beobachten. Die Beute wird nicht zerkaut, sondern regelrecht hinuntergeschlungen. Rutscht sie nicht gleich in den Magen, legt sich der Rapfen auf den Grund, sammelt sich innerlich und läßt das Opfer in aller Ruhe in den Schlund gleiten. Das kann dauern, aber Rapfen haben ja Zeit.

MASS UND GEWICHT

Die maximale Länge soll bei stattlichen 100 Zentimetern liegen, das Gewicht beträgt dann neun bis zehn Kilo. In Osteuropa sollen angeblich auch 30-Kilo-Riesen von weit über einem Meter Länge gefangen worden sein. Nachgewiesen ist es aber nicht. In deutschen Gewässern liegt der Rekord bei rund acht Kilo und 90 Zentimetern. Rapfen sind überdies sehr schnellwüchsig und wiegen bei gutem Futterbestand bereits nach vier Jahren gut ein Kilo. Es wurden aber auch schon kapitale Vierjährige mit unglaublichen drei Kilo Gewicht gefangen.
Über sein Höchstalter streiten sich noch Angler und Gelehrte. 15 Jahre sind keine Seltenheit, 20 Jahre sollen möglich sein.

RUND ÜBERS JAHR

Wie die meisten Fische zieht sich der Rapfen in der kalten Jahreszeit in tiefere Gefielde zurück, aber nicht um Winterschlaf zu halten. Er folgt vielmehr seiner Beute, die jetzt eine Ruhephase einlegt. Und die überfällt er dann auch bei Bedarf. Tiefer stehende Plötzengruppen, Elritzenverbände und Haselschwärme werden von hungrigen Rapfen auch mitten im Winter überfallartig attackiert. Ruhe hat nur, wer sich eingräbt und still verhält.
Was ihn von anderen typischen Raubfischen noch unterscheidet ist, daß er selbst in der Laichzeit sein räuberisches Dasein nicht mal für Stunden vergißt. Ortet er während der Balz eine jagenswerte Beute, unterbricht er das Liebesspiel und schlägt sich den Bauch voll. Ein schöner Liebhaber. Aber das Weibchen ist nicht besser. Schwimmt was Leckeres vorbei, hat der Werbende das Nachsehen und muß warten. Daß solche Hochzeiten dennoch zum Erfolg führen, liegt nur daran, daß es den Rapfen im Grunde egal ist, wer sich gerade mit wem einläßt. Feste Paare gibt es so gut wie nicht. Wichtig ist vor allem, daß der Bauch voll ist.

Ruhelos durchstreifen Rapfen ihr Revier. Das Einzelgängerdasein ist ausgeprägt.

DÖBEL DER ALLESFRESSER

Auf gewisse Weise ist der Döbel (Leuciscus cephalus) ein Unikum, denn er gehört artenmäßig zu den Weißfischen, wird aber mit zunehmendem Alter zu einem gefräßigen Räuber, der vor nichts halt macht. Der gesellige Oberflächenfisch bevorzugt in erster Linie schnellfließende Bäche und Flüsse, kommt aber auch häufig in stehenden Gewässern vor.

Rechts oben: Kaum hat der Döbel den Fotografen erspäht, kratzt er die Kurve. Oben: Ein Prachtexemplar von Döbel, das den Autor jedoch nur nach längeren Versuchen an sich heranließ.

FEINE SINNE

Döbel hören und sehen hervorragend. Man kann noch so vorsichtig am Ufer entlanggehen, sie spüren es mit der Seitenlinie und flüchten. Einen Taucher erkennen sie, lange bevor dieser den Döbel überhaupt bemerkt hat. Döbelaufnahmen in freier Wildbahn gehören zum Schwierigsten überhaupt. Meist bleibt es beim Erhaschen eines grauen Schattens. Aber es gibt Tricks. Die Vorliebe der Döbel für ausgiebige Sonnenbäder an der Wasseroberfläche kann man sich zunutze machen, und manchmal gelingt es, den einen oder anderen während seiner Siesta zu überraschen. Ansonsten gilt: Leuciscus ist gewitzt, scheu, raffiniert und vielleicht sogar etwas verschlagen.

FEINSCHMECKER UND MÜLLSCHLUCKER

Die Speisekarte der Döbel ist ein Fall für Lebensmittel-Experten. Sie reicht von der Erdbeere bis zum Stück Wurst. Vielerorts bezeichnet man ihn als Wasserschwein, weil er alles verdrückt wie ein Müllschlucker. Andererseits liebt er auch ausgesprochene Delikatessen.

In der Jugend lebt er von Würmern, Insektenlarven, Kleinkrebsen und Pflanzenkost. Später wird der Döbel, obwohl er keine Zähne hat, zum echten Raubfisch. Er stellt anderen Fischen nach, verfolgt sogar die eigene Brut, schlägt sich den Bauch mit dem Laich anderer Wasserbewohner voll, macht Jagd auf Wasserspitzmäuse, Frösche und Krebse, schlürft sogar Aale hinunter und ver-

folgt hin und wieder sogar kleine Wasservögel. Doch damit nicht genug. Gerne hält er sich unter Obstbäumen auf, deren Zweige über dem Wasser hängen. Vorzugsweise unter Kirschen, Mirabellen und Reneclauden. Dort wartet er, bis das Steinobst herabfällt. In den Mägen von Döbeln wurden ebenso Brombeeren, Weintrauben, Stachelbeeren und Johannisbeeren gefunden. Auch Käse und Bratwurst verschmäht er nicht. Manche Sportfischer füttern ihn vor dem Biß mit Frühstücksfleisch an und locken ihn zum Nachtisch mit Trauben an die Angel.

Der Appetit, mit dem Döbel wegputzen, was ihnen vors Maul kommt, macht nicht einmal in der Nacht halt. Selbst im Winter, wenn alles ruht, lausig kalte Winde übers Land wehen und die meisten Fische eine längere Ruhepause beginnen, patrouilliert der Nimmersatt auf und ab.

SOZIALVERHALTEN

Man sollte es nicht glauben, doch es ist so. Schwimmen Döbel im Schwarm, greift sich der zuerst schwimmende das Futter, frißt es und reiht sich hinten wieder ein. So kommt jeder auf seine Kosten und keiner zu kurz. In Forellengewässern kann dieses Teamwork allerdings katastrophale Folgen für die Bewohner haben, denn ein umherstreifender Döbelschwarm merzt auf diese Weise mit fast strategischer Präzision alle Kleinsalmoniden aus. Das geradezu fürsorgliche Schwarmverhalten, jedem seinen Anteil zu geben, führt zur Entstehung von Döbelrudeln, in denen jeder einzelne Fisch ein geradezu kapitales Maß erreichen kann. Viele der von mir beobachteten Döbel-Familien wiesen

fast gleichmäßig große Fische zwischen 30 und 40 Zentimetern Länge auf. Wie eine Horde Vandalen zogen sie durch die Uferzone, geleitet von einem Anführer, der wie ein Pfadfinder die Route erkundete.

DICKKOPF

Aufgrund seiner Robustheit und Anpassungsfähigkeit kann sich der Döbel fast überall gut halten. Er meidet nur die extrem kalte Hochgebirgsregion, wurde von mir aber auch schon in nur 5° C kalten Quelltöpfen gesichtet. Vom Aussterben ist er nicht bedroht, und als Speisefisch wird er wegen seiner zahlreichen Gräten nur von wenigen geschätzt, obwohl sein Fleisch äußerst schmackhaft zubereitet werden kann. Der Grund liegt vermutlich im Grätenreichtum des Allesfressers.

Links: Döbel sind ungefährdet. In Seen und Flüssen sind sie weit verbreitet.
Unten: Große Exemplare werden zu Einzelgängern und stellen anderen Fischen nach.

Verwechslungen mit dem Wildkarpfen wegen seines auffallend massigen Schädels machten sich früher gewissenlose Fischer zu eigen, die den Döbel für teures Geld als Edelfisch an den Mann oder die Frau brachten. So kann er selbst in der Pfanne noch für Verwirrung sorgen und die Menschen hinters Licht führen.

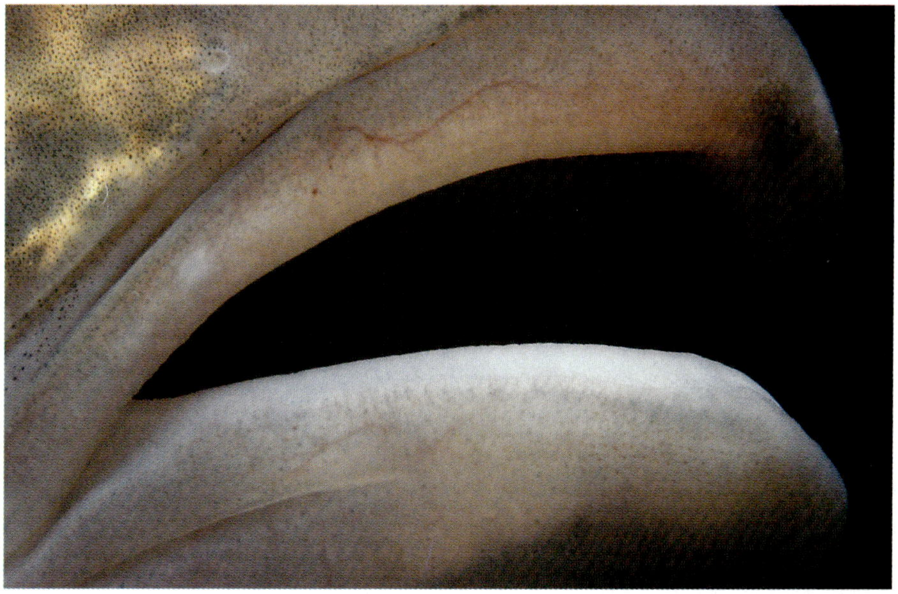

***Links:** Über die Seitenlinie nimmt der Döbel geringste Druckschwankungen wahr.*
***Oben:** Das große Auge zeigt: Der Döbel ist ein ausgesprochen visuell orientierter Fisch. Angler müssen am Ufer in Deckung gehen, denn der „Dickkopf" nimmt jede Bewegung am Ufer wahr.*
***Mitte:** In diese „große Klappe" paßt ordentlich was 'rein.*
***Rechts:** Schwanzflossenstudie beim Döbel.*

STÖR DER GEHEIMNISVOLLE

Acipenser sturio, der Stör, ist die zweitgrößte Art dieser urtümlich anmutenden Fischfamilie. In Deutschland und Österreich gilt er als ausgestorben, doch leben im Rhein, in Donau und Elbe sowie in der Drau immer noch einzelne Exemplare, die entweder ausgesetzt wurden oder aus Zuchtanstalten entkommen sind. Daß heute noch Störe aus dem Meer zur Wanderschaft in die Flüsse aufsteigen, scheint eher unwahrscheinlich, doch geht hin und wieder einer den Berufsfischern ins Netz. Einzelgänger, die aber fast alle an den Gewässerverbauungen scheitern. Störe stehen ausnahmslos unter Naturschutz, dürfen in Deutschland weder gefangen noch verkauft werden.

DIE LETZTEN RIESEN

Wer jemals unter Wasser einem Stör begegnet, wird dieses Erlebnis nie vergessen: Es ist, als hätte man ein Lebewesen aus fernster Vergangenheit gesehen. Der haiförmige Körper, seitlich und oben mit Knochenschilden bedeckt, endet in einer spitzen Schnauze, die - hart wie ein Stück Kantholz - dem Stör als Wühlwerkzeug und möglicherweise auch als Waffe dient. Fährt man mit der Hand über seinen gepanzerten Rücken, meint man, ein Wesen aus grauer Vorzeit zu berühren.

Geradezu unheimlich kommen einem seine Maße vor. Sechs Meter kann er lang werden und über 400 Kilo schwer, bei einem Alter von mehr als 100 Jahren. Noch größer wird nur der Hausen (Huso huso), eine Störart, die im letzten Jahrhundert häufig in den Unterläufen von Weser, Elbe und Ems vorkam: unvorstellbare neun Meter lang und 1500 Kilo schwer. Anderthalb Tonnen also - soviel wie ein VW-Bus! - bringt er in ausgewachsenem Zustand auf die Waage. Ein Süßwasserfisch wie ein Saurier, leider in Mitteleuropa

***Links:** Der Sterlet nimmt auch Treibnahrung zu sich, schwimmt oft weite Strecken im Freiwasser. **Oben:** Sterlet in einem Fluß, eine unwirkliche Begegnung.*

ausgestorben, besser gesagt: ausgerottet. Mit beispielloser Ignoranz gegen alle Anzeichen der Überfischung und von politischer Unfähigkeit begleitet, wurden die einheimischen Störbestände bis 1936 restlos vernichtet. Mit immer engmaschigeren Netzen wurden vermehrt noch nicht geschlechtsreife Störe gefangen. Und mit dem gleichzeitigen Bau von Schleusen und Staustufen wurden die letzten Laichgebiete gedankenlos zerstört. Schuld an dieser Tragödie hatte neben den ertragreichen Fanggewichten die Gier der Menschen nach den Störeiern, dem berühmten Kaviar. Das "Schwarze Gold", teuer, wohlschmeckend und selten, versprach hohen Gewinn, denn aus manchen Stören gewannen die Fänger ein Vermögen. Die Geschichte der Jagd auf diesen Riesenfisch liest sich wie eine blutige Tragödie. Heute wäre man froh, der Stör könnte wieder heimisch werden, doch die Schadstoffbelastung der Flüsse würde vermutlich ein Aufkommen der Brut kaum zulassen.

VERBORGENES LEBEN

Man weiß viel über den Stör selbst, über Biologie und Verhaltensweisen - doch wenig über sein Leben. Als Grundfisch verbringt er seine Tage und Nächte vorzugsweise über Kiesgrund oder wühlt im Schlamm nach Würmern, Schnecken und Krebsen. Gelegentlich flippt er mit wilden Sprüngen an der Oberfläche aus. Ein Verhalten, das nicht zu deuten ist. Über seine Lebensweise im Meer ist noch weniger bekannt. Er kann jedenfalls problemlos die tiefsten Stellen in der Nordsee antauchen, jagt dort unten nach Kleintieren, größere Exemplare verschlingen hin und wieder auch Fische.
Wie sich der Stör beim Wandern vom Meer in seine Laichgebiete so schnell von Meerwasser auf Süßwasser und umgekehrt umstellen kann, scheint noch nicht erforscht zu sein. Die wissenschaftliche Literatur klammert dieses Mysterium bis jetzt aus. Störe müssen fast zehn Jahre warten, um geschlechtsreif zu werden. Dann allerdings legen sie jährlich fast 2,5 Millionen Eier ab.

DER STERLET

Er wird nur rund einen Meter lang, hat eine lange, spitze, leicht nach oben gebogene Schnauze und gilt als die kleinste Störart im deutschsprachigen Raum. Obwohl seit langem auf der Roten Liste stehend und regional erloschen, findet man ihn noch regelmäßig in unseren Gewässern. Im Gegensatz zum echten Stör lebt der Sterlet (Acipenser ruthenus) ausschließlich im Süßwasser, pflanzt sich dort auch fort, muß also nicht vom Meer die Flüsse hochwandern. Das macht ihn zum idealen Zuchtfisch für die teichwirtschaftliche Verwendung, zumal sein Fleisch sehr wohlschmeckend ist. Die Eier werden zu feinkörnigem Kaviar verarbeitet. Seine Nahrung besteht überwiegend aus Würmern und Kleinkrebsen. In der kalten Jahreszeit begibt er sich an eine tiefe Stelle im Fluß oder im See, wühlt sich etwas in den Untergrund und hält Winterschlaf.
Durch sein knochiges Äußeres und die harten Bauch-und Seitenschilde muß er nicht mal den Hecht als Gegner fürchten. Der mag nämlich, wie ich selbst beobachten konnte, den kleinen Süßwasserstör überhaupt nicht: Obschon ein Sterlet bereits quer im Maul lag und von der Größe her als Beute durchaus geeignet war, spuckte der hungrige Esox den Fisch angeekelt wieder aus. Der Sterlet schwamm ruhig und ohne Hektik davon, als wollte er sagen: Mir kann keiner!

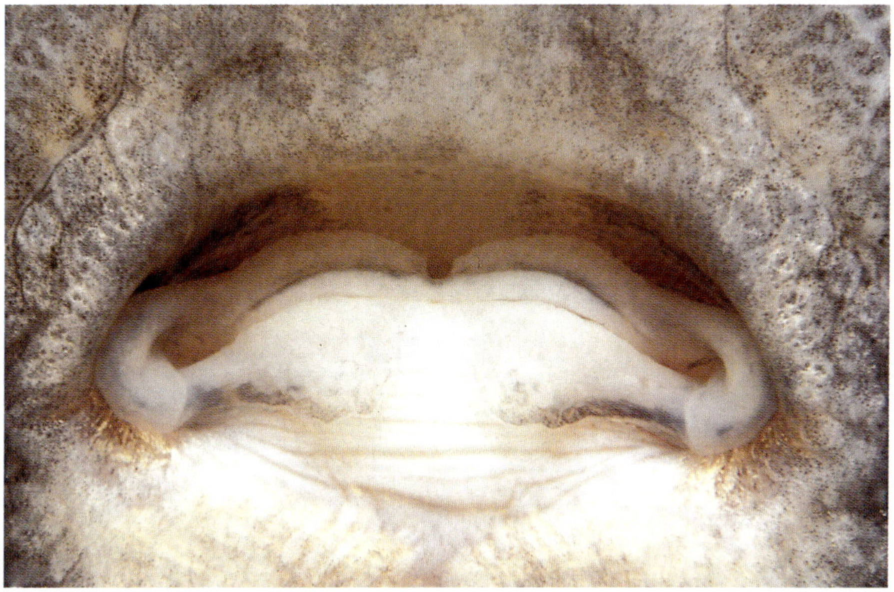

***Links, großes Foto:** Ob Störe bei uns jemals wieder heimisch werden, wird von Fachleuten bezweifelt.*
***Ganz oben:** Über das Sehvermögen der Störe ist wenig bekannt.*
***Oben:** Das Maul des Störs.*
***Rechts:** Beim echten Stör ist die Schnauze stumpfer als beim Sterlet, der Körper insgesamt auch massiger.*

Oben: Die Stammform der Karpfen ist der schlanke Wildkarpfen.
Links: Die Barteln sind gut zu erkennen. Wenn Karpfen im Mulm wühlen, tasten sie damit nach Kleintieren.

KARPFEN DIE MÄCHTIGEN KOLOSSE

Wie und wann der Karpfen nach Europa gelangte, ist in wissenschaftlichen Kreisen immer noch umstritten. Vermutlich drangen die ersten Exemplare über das Donausystem nach Mitteleuropa vor. Als ursprüngliche Heimat des Karpfens können nach heutigem Erkenntnisstand China und Japan angesehen werden, doch scheint er bereits nach der letzten Eiszeit in ganz Mittel- und Kleinasien verbreitet gewesen zu sein. Sicher ist, daß schon die Römer den Karpfen als Delikatesse schätzten und ihn als lebenden Proviant etwa seit 1000 v. Chr. mit ihren Truppen in alle Gegenden des Römischen Reiches brachten. Heute besiedelt der Karpfen nahezu alle Kontinente mit Ausnahme der kalten Klimazonen oberhalb des nördlichen und südlichen Polarkreises, was auf seine ungeheuere Anpassungsfähigkeit und Beliebtheit schließen läßt.

EIN FISCH WIE EINE TONNE

Nur als Baby muß der Karpfen (Cyprinus carpio) große Räuber wie Hecht, Zander und Wels fürchten. Bereits als Zweipfünder kann er so hochrückig sein, daß er durch keinen Raubfisch-Schlund mehr hindurch paßt. Gelangen Karpfen in warmes und nährstoffreiches Wasser, wachsen sie unglaublich schnell und werden wahre Riesen. Die Meter-Grenze wird klar überschritten, und 25 Kilo sind keine Seltenheit. In Australien werden sie so groß (man spricht von 50 Kilo und mehr!), daß ihnen „Karpfenjäger" mit dem Gewehr nachstellen.

Mit zunehmender Leibesfülle entwickeln die Fische einen Appetit, der durch Gründeln und Wühlen nicht immer gestillt werden kann. Der Karpfen verwandelt sich dann in einen Gelegenheitsräuber, stellt kleinen Fischen und Amphibien nach und verschont nicht mal die eigene Brut. Andererseits kann er bei Nahrungsmangel bis zu einem Jahr fasten.

Ansonsten gibt sich der Karpfen als Allesfresser, den man mit Maiskörnern, Kartoffeln und Brot anfüttern kann. Er verliert dann sogar seine angeborene Scheu und sein Mißtrauen.

FORMENVIELFALT

Rund um den Erdball gilt der Karpfen als wichtigster Teichfisch, dessen Gesamtertrag im Weltmaßstab weit vor allen anderen Zuchtfischen liegt. Schon im Mittelalter begannen Mönche mit züchterischen Ausleseverfahren zu experimentie-

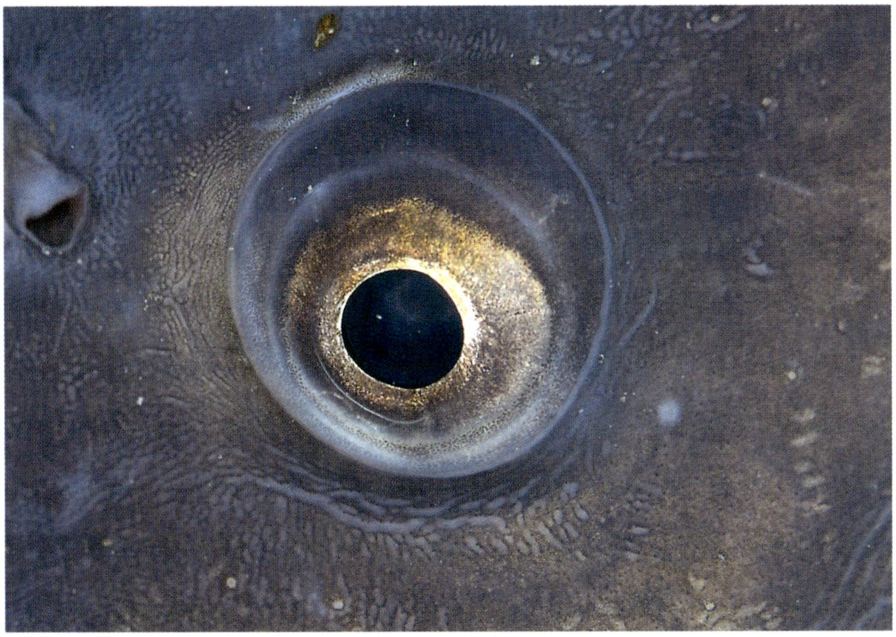

ren und schufen so Karpfenformen, die mit ihrem runden Körper genau in die Pfannen der Klosterküchen paßten. Man umging auf diese Weise die verordneten Fastenvorschriften, denn Fische galten als fleischlose Speise. Biber übrigens auch, weil sie ebenfalls im Wasser leben. Die eigentliche Urform des Karpfens, der schlanke, langgestreckte Schuppenkarpfen, kommt in freier Wildbahn nur noch sporadisch vor. Fast überall begegnet man irgendwelchen Zuchtformen, die irgendwann gezielt eingesetzt wurden. Hochrückig, fast schuppenlos, schnellwüchsig, massig, manchmal als Nacktkarpfen (völlig ohne Schuppen), aber in freier Wildbahn kaum fortpflanzungsfähig. Wie man überhaupt feststellen muß, daß die Zuchtformen (Spiegelkarpfen, Zeilkarpfen, Lederkarpfen) nicht über die Robustheit und Fortpflanzungsfähigkeit der Wildform verfügen. Überließe man die von Menschenhand geschaffenen Karpfenformen wieder ganz der Evolution, würden sie von der Natur aufgrund verschiedener körperlicher Mängel in kürzester Zeit ausgemerzt oder zurückentwickelt werden. Ziel der Züchter war nämlich nie der robuste Zuchtkarpfen, sondern die fast schuppenlose Form, weil diese die Zubereitung in der Küche erleichtert. "Karpfen blau" gelingt halt eher mit einem Spiegelkarpfen als mit seinem wild lebenden beschuppten Verwandten. Wieviele verschiedene Karpfenformen es mittlerweile weltweit gibt, weiß vermutlich niemand.

Links, großes Foto: Kapitaler Spiegelkarpfen bei der Siesta.
Oben: Ein kleines Auge, das aufmerksam den Fotografen beobachtet.
Mitte: Schuppenmuster beim Wildkarpfen.
Links: Karpfen besitzen zwei kurze und zwei lange Barteln, mit denen sie Nahrung ertasten können. Stark ausgeprägt ist auch der Geruchsinn.

DAS ANGEPASSTE WESEN

Selbst unter widrigen Bedingungen kann ein Karpfen überleben. Er braucht nur halbsoviel Sauerstoffs wie eine Forelle und kann eine begrenzte Zeit den Sauerstoffbedarf durch Hautatmung decken oder notfalls an der Oberfläche im wörtlichsten Sinne Luft schnappen. In südlichen Ländern, wo die Menschen ein anderes Verhältnis zur Kreatur Fisch haben, müssen Karpfen auf den Märkten oft stundenlang an der Luft japsen - nur mit Wasser bespritzt , bis sie von einem Käufer erlöst werden.

Einmal wurde ein riesiger Karpfen von fast einem Meter und 25 Kilo vom Blitzschlag getroffen, trieb halbtot an der Oberfläche und konnte von fürsorglichen Helfern geborgen werden. Am nächsten Tag war er wieder putzmunter und wurde in ein zoologisches Aquarium verfrachtet. Über das Höchstalter von Karpfen wurde schon viel gedichtet, fabuliert und fantasiert. Hundertjährige Methusalems sind Erfindungen, bestenfalls 40 bis 50 Jahre können Karpfen alt werden, ihr Äußeres gleicht dann einem Lebewesen, das viel erlebt und gesehen hat: Abgeschabte Schuppen, Narben, manchmal fehlt ein Auge oder ist milchig-trüb, die Flossen haben Risse, die Haut ist fleckig verfärbt.

Erzählungen beschreiben auch immer wieder den bemoosten Karpfen, der Algen auf dem Rücken tragen soll. In gewisser Weise trifft das zu, doch wachsen auf Karpfen keine Pflanzen, sondern diese werden, wenn der Karpfen im Dickicht wühlt, abgebrochen und

Oben: „Karpfen blau" - manche Exemplare sind eine Augenweide. Rechts: Hochzeit oder nur zufälliges Beisammensein? Die Aufnahme wurde im Juni gemacht. Rechte Seite, unten: Ein Spiegelkarpfen döst im Schatten herabhängender Äste

bleiben zusammen mit Grünalgen, insbesondere dem Wassernetz (Hydrodictyon reticulatum), in Schuppen und Flossen hängen. Oder es handelt sich um Befall mit dem grünlichen Pilz Saprolegnia.

Wie alle Cypriniden besitzt auch der Karpfen keinen Magen. Die Nahrung gelangt direkt in den Darm, wo sie verdaut wird. Weil Magensäfte fehlen, muß Cyprinus gut kauen und das Futter mechanisch zerkleinern.

Bemerkenswert ist seine Motorik. Bei jedem Atemzug bewegt er 4386 Einzelknochen bzw. Gräten und dazu noch 99 Muskeln.

Für die natürliche Vermehrung ist in unseren Breiten der Wildkarpfen am besten geeignet. Die Zuchtformen benötigen dazu fast immer die Hilfe der Teichwirtschaft. Außerdem muß das Wasser über Tage und Wochen 20° und mehr erreichen. Zudem müssen genügend Wasserpflanzen und Flachstellen das Anheften der Karpfeneier begünstigen. Fehlen diese Voraussetzungen, kommt es nicht einmal zum Laichspiel. Nur Besatz kann dann das Karpfengleichgewicht in einem See aufrechterhalten. Klappt es hingegen, legt das Karpfenweibchen die unvorstellbare Zahl von mehr als einer Million Eier.

Schon oft sind mir auf meinen Tauchgängen blinde Karpfen begegnet. Wie können sie überleben? Meist sind es alte und kapitale Brocken, die keinen Raubfisch mehr fürchten müssen. Dank ihres hervorragenden Tast- und Geruchssinns haben blinde Karpfen keine Probleme bei der Nahrungssuche. Anders als beim Hecht ist das visuelle Erkennen eines Objektes beim Karpfen nicht von großer Bedeutung. Karpfen sind deshalb auch in völliger Dunkelheit hellwach und voll bei der Sache. Kann man sich einem Hecht in der Nacht problemlos nähern und ihn anleuchten, macht der Karpfen solche Spielchen nur bedingt mit. Wenn er den Menschen riecht und mit dem Seitenlinienorgan ortet, geht er in der Regel sofort auf Distanz. Dieses Verhalten macht das Fotografieren von Karpfen unter Wasser zu einem Geduldsspiel mit ungewissem Ausgang; häufig bleibt der Karpfen Sieger.

Auch den Zuchtformen konnte man das instinktive Mißtrauen, die Scheu und die Vorsicht nicht wegzüchten. Jeder Angler weiß das. Karpfen lassen sich nicht so leicht übertölpeln. Deshalb gewinnt der züchterisch am meisten veränderte Speisefisch der Welt so manches Duell gegen den Menschen, der glaubt, alles von ihm zu wissen und ihn genau zu kennen.

SCHLEIE DIE RAFFINIERTE

Schon vor der letzten Eiszeit lebten Schleien bei uns. Zäh und anpassungsfähig hat sich die zu den Karpfenfischen zählende Tinca tinca mittlerweile in fast ganz Europa ausgebreitet. Gesichtet wurde sie in 1600 Meter hoch gelegenen Seen ebenso wie in salzarmen Regionen der Ostsee. An ihr Hausgewässer stellt die Schleie wenig Ansprüche, weshalb sie sogar in Moorkuhlen, Feuerwehrteichen und Waldweihern problemlos überlebt. Sinkt der Wasserspiegel unter die lebensnotwendige Mindestmarke, gräbt sich der zähe Fisch im Schlamm ein und übersteht auf diese Weise selbst eine längere Trockenperiode.

Rechts, großes Foto: Ab geht die Post - Schleie auf der Wanderschaft. Oben: Wenn das Nahrungsangebot stimmt, entwickelt sich die Schleie zu einem prächtigen Fisch.

GEHEIMES LEBEN

Schleien aus demselben Gewässer gleichen sich äußerlich wie ein Ei dem anderen. In dem einen See sind alle grün-braun, im nächsten gold-grün, dann wieder fast graubraun. Sie passen sich farblich ihrer Umgebung an. Und untereinander sogar in der Größe. Entweder bleiben sie alle klein oder werden alle ordentlich groß. In manchen Seen sind sie schon mit zehn Zentimetern Länge und 15 Gramm Körpergewicht geschlechtsreif. Insbesondere, wenn Raubfische fehlen, produziert die fruchtbare Schleie (etwa 600 000 Eier pro Kilo Körpfergewicht) riesige Nachkommenschaften. Sie neigen dann aber zur Verbuttung (Verkümmerung): Die Fische hören bereits mit 13 bis 15 Zentimetern Körperlänge auf zu wachsen.

Wie groß Schleien unter idealen Bedingungen werden können, ist noch umstritten. Man spricht von 70 Zentimetern Länge und etwa acht Kilo Gewicht, was aber nicht eindeutig belegbar ist. Wahrscheinlich sind fünf Kilo bei einer Länge von 60 Zentimetern bereits die Maximalmaße. Im Grunde kann ein Angler schon eine 3-Kilo-Schleie als echten Glücksfall betrachten.

Das Leben der Schleien spielt sich im dichten Kraut und zwischen Schilf- und Seerosenstengeln ab. Mißtrauisch, vorsichtig und scheu verbringt Tinca ihren Tag im Dämmerlicht unter den Pflanzen, nur selten kommt sie bei Sonne aus ihrem Unterschlupf. Lange Streifzüge im Freiwasser sind ihr fremd. Geringste Wellenbewegungen, Bodenerschütterungen oder Planschgeräusche rufen sofortige Fluchtreaktionen hervor. Mutig und lebhaft wird die Schleie erst gegen Abend, wenn der Hunger im Gedärm zwickt. Dann wühlt und sucht sie im Mulm nach Nahrung, vertilgt Asseln, Muscheln, Schnecken und anderes Kleingetier. Zudem lutscht sie im wahrsten Sinne des Wortes Blätter und Stengel fast klinisch sauber und frißt auf diese Weise Egel, Würmer und Fliegenlarven. In ausgesprochenen Schleiengewässern sieht der Untergrund aus, als hätten Handgranaten dort eingeschlagen. Die Löcher stammen von Schleien. Sie

stoßen bei der Nahrungssuche wie Kamikaze-Flieger herab und verschwinden bis zu den Bauchflossen im Schlamm. Dann drehen sie sich wie Bohrer und hinterlassen durch diese Wühlarbeit selbst in Seegraswiesen bombentrichterähnliche Löcher.
Zu Gesicht bekommt man Schleien am Tage sehr selten, nur während des Hochzeitsrituals Anfang Juni verlieren sie ein wenig die Scheu und man kann sie besser beobachten: Als Pulk von mehreren Tieren schwimmen sie in wildem Auf und Ab vom Grund zur Oberfläche, reiben ihre Körper aneinander, tauchen ein in den Schlamm. Minutiös muß die Paarung eingeleitet werden, denn der Samen des Männchens hat nur knapp 60 Sekunden für die Befruchtung Zeit, sonst verliert er seine Vitalität.
Wie verbringen Jungschleien ihr Leben? Die ersten Monate, vielleicht auch Jahre, verkriechen sie sich ausschließlich im Schlamm zwischen Wasserpflanzen, lassen sich praktisch nie außerhalb der Uferzone blicken, führen ein isoliertes Leben auf wenigen Quadratmetern Seeboden, sind lichtscheu und extrem vorsichtig. Schwimmende Babyschleien am Tage haben nur wenige Menschen je gesehen.

Links: Winterschleie! Erst als der Fotograf sie anstieß schwamm sie träge davon.
Oben: Schleien gehören zur Lieblingsspeise von Wallern und Hechten. Entsprechend getarnt und zurückgezogen verbringen sie ihren Tag.
Unten: Vielerorts wird die Schleie als Doktorfisch bezeichnet, denn ihr Schleim soll eine heilende Wirkung besitzen. Ob sie den Hecht von einem Leiden befreit?

ÜBERLEBENS-
KÜNSTLER

Steigt in kleinen, flachen Tümpeln die Wassertemperatur auf über 28° C an, gräbt sich die Schleie im Schlamm ein, reduziert ihre Körperfunktionen und fällt in eine Art Koma. So übersteht sie als "wärmestarrer" Fisch die heißesten Sommer. Sinkt hingegen die Wassertemperatur unter 10° C, wird die Nahrungsaufnahme eingestellt, die Schleie legt sich ins Kraut oder wühlt sich in den Untergrund. Auch wenn Teich oder Kuhle nun bis zum Boden zufrieren, bleibt Tinca im Schlamm von dieser Gefahr verschont.
Im Winterhalbjahr wurde von mir eine Schleie beobachtet, die sich mit ihrem Körper schräg unter einen versunkenen Ast zwängte und in dieser Lage fast drei Monate verbrachte. Der leicht fließende Nebenarm eines großen Flusses fror nicht zu, was die in nur 50 Zentimeter Tiefe ruhende Schleie irgendwie geahnt haben mußte. Auf den Betrachter machte sie den äußeren Eindruck eines verendeten alten Fisches, der hier seine letzte Ruhe gefunden hatte. Kaum daß sich die Kiemen bewegten. Auch ein in der Nähe stehender kapitaler Hecht sah und ahnte nichts von der schmackhaften Beute. Im März schwamm sie nach einer leichten Berührung des Autors auf und davon. Schlaue Schleie.

Links: Schleien sind lichtscheu, werden erst in der Dämmerung aktiv.
Oben: Schleien stehen gern reglos im dichten Kraut. Dort fühlen sie sich sicher.
Mitte: Klein, aber scharf sehend — das Auge einer Schleie
Unten: Schleien sind wahre Meister im Versteckspielen. Nur geübte Fotografen entdecken sie in dieser Lage.

Oben: Portrait einer Karausche.
Links: Zwischen Algen und im Pflanzendickicht kann man Karauschen häufig in der Nacht antreffen.
Rechts: Sie ähnelt etwas einem Schuppenkarpfen. Deshalb wird die Karausche Moor- oder Bauernkarpfen genannt. Ihr grätenreiches Fleisch reizt jedoch kaum einen Feinschmecker.

Wo die Karausche (Carassius carassius) ursprünglich herkommt, läßt sich nicht mehr genau klären. Ihre eigentliche Heimat liegt vermutlich in Nordasien, von wo sie sich recht bald in Richtung Kaspisches und Schwarzes Meer verbreitet hat und durch den Menschen wegen ihrer Bedürfnislosigkeit in fast alle Regionen Europas gebracht wurde.
Der auch als Moor-oder Bauernkarpfen bezeichnete gedrungene, hochrückige und seitlich abgeplattete Fisch bewohnt im Grunde alle Gewässer, fühlt sich aber in schnellfließenden Bächen und kalten Bergseen nicht sonderlich wohl - kann dort aber gleichwohl überleben.

KARAUSCHE ÜBERLEBEN UM JEDEN PREIS

GENÜGSAMER LEBENSKÜNSTLER

Oftmals bilden Karauschen in kleinen, stark verkrauteten Tümpeln die einzige fischige Lebensform, die sich dort halten kann. Unter schlechten Bedingungen wächst Carassius allerdings sehr langsam und bildet keine extrem hochrückige Körperform aus. Man bezeichnet die Kümmerlinge mit ihren sogenannten Messerrücken als Teich- oder Steinkarauschen.
Geht es der Karausche hingegen gut, wächst sie auf fast 50 Zentimeter heran und erreicht ein Gewicht von bis zu drei Kilo. Diese als See- oder Tellerkarauschen bekannten Fische können dann für die Fischerei von wirtschaftlicher Bedeutung sein: Ihr Fleisch ist wohlschmeckend und wird in Osteuropa auf Märkten angeboten.
In verschmutzten und stark eutrophierten (närstoffreichen) Gewässern kommt die Karausche als einer der zählebigsten und anpassungsfähigsten Fische selbst dann

noch über die Runden, wenn ihr weniger als ein Zehntel des Sauerstoffbedarfs einer Forelle zur Verfügung steht. Trocknet das Gewässer aus, gräbt sich der Überlebenskünstler in den Schlamm ein, verfällt in Trance und kann auf diese Weise Wochen und Monate abwarten, bis Regen fällt.
Werden Karauschen außerhalb des Wassers befördert, genügt ein nasses Tuch, ein Bett aus feuchten Blättern oder eine Packung Schnee für Stunden währende Transporte. Wissenschaftler führen die Fähigkeit zum langen Überleben ohne Wasser auf die besondere Weite der Kiemenspalten zurück.

KARPFENERSATZ

Abgelaicht wird im Mai und Juni, wenn das Wasser mindestens 14° C erreicht hat. Bis zu 300 000 klebrige Eier gelangen pro Tier ins Wasser und bleiben an Wasserpflanzen haften. Bei fehlendem Raubfischbestand verbutten die Bestände, das heißt, sie neigen zu Zwergwuchs, weil die Populationsdichte zu groß wird. Schon mit dem Auftauchen eines einzigen Hechts kann sich das aber ändern. Er dezimiert den Karauschenschwarm und schafft so Platz für das Heranwachsen kapitaler Karauschen, die dann kleinere Jäger nicht mehr fürchten müssen.
Mischt sich der genügsame Sonderling während der Laichzeit unter einen Karpfenschwarm, geht er fremd und zeugt mit den Edelfischen sogenannte Karpfkarauschen, Bastarde von geringem Wuchs und minderwertigem Fleisch. Ein Alptraum für jeden Fischzüchter. Außerdem gelten Karauschen als Verbreiter von Parasiten, die den empfindlichen Karpfen infizieren können. Karpfkarauschen werden, wenn sie schon mal da sind, oft in Kiesgruben, Steinbruchlöcher und Moortümpel eingesetzt, wo die Haltung von Karpfen problematisch oder unmöglich geworden ist.

Links: Als Futterfisch für Hechte, Zander und Waller wird die Karausche häufig in Teiche und Seen eingesetzt. In ihrem Bestand ist sie nicht gefährdet.
Ganz oben: Karauschen paaren sich zum Leidwesen vieler Fischer auch mit Karpfen und bilden Bastardformen.
Oben: Immer wieder sieht man Karauschen mit Schuppennarben. Wenn sie ihre Rückenmuskeln anspannt, muß mancher Räuber passen.

Züchter nutzen mittlerweile den Trend zu Zierfischen und Farbvarietäten auch bei der Karausche. In vielen Baggerseen und Waldweihern schwimmen sogenannte Goldkopfkarauschen, deren Stirn und Kiemenseiten schimmern, als habe man sie mit Goldpuder bestäubt.

KARAUSCHEN-TRICKS

Anpassung heißt für die Karausche nicht nur, in kaum noch bewohnbaren Gewässern zu leben, sondern auch zwischen zahlreichen Feinden zu überleben. Dazu gehören der Zander, der Waller und der Raubaal, in erster Linie aber der Hecht, zu dessen Leibspeise sich Carassius durchaus zählen darf.

Bekommt Esox lucius die Karausche ungünstig von hinten und versucht sie zu verschlingen, stellt sie alle Flossen von sich und bläst den Rücken auf. Bleibt sie dann im Räuberrachen stecken, muß der Hecht sein Opfer wieder herauswürgen, und darauf hat sie gerade gewartet. Mit einem kurzen Spurt schießt sie senkrecht nach unten ins Kraut und bleibt wie tot liegen, bis sich der frustrierte Jäger ein anderes Opfer sucht. Diese Taktik konnte ich schon mehrmals beobachten. Das Totstellen erfolgt auch, wenn Carassius den Erzfeind sichtet und es zur Flucht zu spät ist. Sie läßt sich sinken und macht auf Leiche.

Geradezu unglaublich ist die Erweiterung der Rückenmuskulatur, wenn das Wohngewässer mit vielen Feinden bestückt ist. Den dort lebenden Karauschen wachsen in diesem Fall stärkere und größere Rückenmuskeln, mit denen sie beim angreifenden Raubfisch eine Maulsperre auslösen können. Einen solchen Fall erlebte ich in einem stillgelegten Kanal: Der Hecht hatte die Karausche bereits mehr als zur Hälfte verschlungen, konnte aber nicht mehr weiterschlucken, als Carassius die Rückenmuskeln anspannte. Mit unwilligem Kopfschütteln und Gewürge erbrach er die Beute, die ihrerseits blitzschnell davonschwamm und im Pflanzendickicht in Deckung ging. Dem Hecht blieb nur die Erkenntnis, daß man selbst bei einer unscheinbaren Karausche auf alles gefaßt sein muß. Der etwas zerzauste und durch Bißwunden verletzte Bauernkarpfen überstand das Abenteuer ohne Folgeschäden. Nach Wochen sah ich ihn wieder im Kraut, die Schuppen vernarbt, nur eine Brustflosse hing noch etwas lädiert vom Leib. Sonst war das zähe Luder quicklebendig und anscheinend kerngesund.

An der Körperform gut zu erkennen: Der Giebel ist die Urform aller Goldfische.

GIEBEL

EIN HAREM OHNE PASCHA

Giebel (Carassius auratus gibelio) und Karausche werden immer wieder miteinander verwechselt, denn beide Fische sehen sich oft täuschend ähnlich. Besonders dann, wenn sie im selben Gewässer vorkommen. Doch steht der Giebel in vielerlei Hinsicht dem Karpfen näher als die Karausche. Früher wurden die Arten nicht unterschieden, weil eine eindeutige Differenzierung nur aufgrund der Kiemenreusendornen sowie der Schuppenzahl entlang der Seitenlinie getroffen werden kann. Ein Fall für Experten. Doch sind auch versierte Sportfischer durchaus in der Lage, an äußeren Merkmalen (Farbe, Form und Flossen) eine sichere Zuordnung zu treffen.

VON WEIT HER

Die Heimat der Urform des Giebels, auch Silberkarausche genannt, liegt in den Gewässern Chinas und Japans, wo der Fisch aber größere Schuppen besitzt als unsere heimische Art. Kenntnislücken bestehen über die Verbreitung des Giebels. Ob er auf natürlichem Weg oder über teichwirtschaftliche Maßnahmen der Altvorderen nach Europa gelangte, ist ungeklärt. Vermutlich hat er sich als „Blinder Passagier" im Zusammenhang mit Karpfenbesatz-Maßnahmen über ganz Europa verbreitet, weil die Jungfische stark kleinen Schuppenkarpfen ähneln.

Wo er überall genau vorkommt, weiß niemand so recht, denn von Fischhändlern wurden und werden heute noch Giebel im Jungstadium als Karpfen ausgegeben und in diverse Gewässer eingesetzt. Und so mancher Seenbesitzer oder Angelverein wundert sich dann, daß nie ein Karpfen gefangen wird.

Im großen und ganzen bevorzugen Giebel dieselben Lebensbedingungen wie Karauschen: Stehende oder langsam fließende Gewässer mit dichtem Pflanzenbestand und weichem Untergrund sind ihnen am liebsten. Was Nahrungswahl und Widerstandsfähigkeit anbelangt, steht der Giebel seinem Vetter Karausche um nichts nach, möglicherweise übertrifft er ihn sogar noch. Selbst die Gifteinleitung beim Sandoz-Unfall von 1986, der fast der gesamte Aalbestand des Nord- und Südbadischen Rheins zum Opfer fiel, ließ die Giebelpopulation in Deutschlands größtem Fluß unbeeindruckt. Und in Auwaldkuhlen, wo im Sommer die Wassertemperatur tagsüber wie in einer Badewanne mit Warmwasserzulauf ansteigt und gut und gerne 26° bis

Giebel und Karauschen teilen sich weitgehend denselben Lebensraum. Die äußerlichen Ähnlichkeiten führen bei Unkundigen oft zu Verwechslungen.

28° C erreichen kann, stellt der Überlebensstratege auf Sparatmung um, verbringt den Tag im Schatten von Pflanzen oder wartet im Schlamm vergraben auf kühlere Zeiten.

DAS WUNDER DER GYNOGENESE

Während in Ostasien die Giebelpopulationen fast gleichmäßig in Männchen und Weibchen geteilt sind, finden sich in Europa viele Gewässer, die nur Weibchen beherbergen - wie ein Harem, aber ohne Pascha. Trotzdem stirbt die Art nicht aus. Wie ist das möglich? Giebel sind Fische, die sich auch durch unbefruchtete Eizellen fortpflanzen können. Während der Laichzeit mischen sich die laichbereiten Giebelweibchen unter Karpfen- oder Karauschenschwärme und lassen sich von diesen begatten. Eine eigentliche Befruchtung der Eier durch den artfremden Samen kann aber nicht stattfinden, denn der in die Eizelle eindringende Spermakern geht, bevor er sich mit dem Eikern vereinigen kann, zugrunde. Das Eindringen regt aber die Zellteilung an und bringt auf diese Weise die weitere Eientwicklung in Gang. Die aus dem Laich entstehenden Jungtiere sind allerdings wiederum nur weiblichen Geschlechts. So sind in nicht wenigen Seen alle Giebel seit Generationen ausschließlich Weibchen, die ihrerseits wiederum regelmäßig für weiblichen Nachwuchs sorgen.

Diese eigenartige Fortpflanzungsweise wird Gynogenese genannt und ermöglicht, daß ein einziges Weibchen den Bestand ihrer Art in einem Gewässer sicherstellen kann, sofern es paarungswillige Fremdfische findet. Fast 400 000 Eier legt ein großes Giebelweibchen in maximal drei Schüben ab. Genug für einen femininen Giebelschwarm im nächsten Jahr.

STAMMVATER DER ZIERFISCHKULTUR

Giebel werden selten über 20 Zentimeter lang, doch wurden schon Exemplare von 45 Zentimetern Länge und über drei Kilo Gewicht gefangen. Größenwachstum und Gewichtszunahme hängen vom Nahrungsangebot, der Art des Gewässers und der Dichte des Raubfischbestands ab.

Wenig bekannt ist, daß der Giebel die Urform aller Goldfische darstellt. Schon vor vielen tausend Jahren experimentierten in China Mönche mit geeigneten Exemplaren und schufen absonderliche Formen und Farben für Teiche und Aquarien. Seine Zählebigkeit und Unverwüstlichkeit hat der Giebel an seine edlen Verwandten, die Goldfische, weitervererbt.

***Oben:* Im Süden Deutschlands besitzen Giebel zum Teil andere Farben als im Norden.**
***Mitte:* Portrait eines Giebels.**
***Unten:* Die Schuppen des Giebels sind lanzettartig geformt und mit winzig kleinen schwarzen Punkten übersäht.**

BRASSEN DER STAUBSAUGER MIT FLOSSEN

Brassen stellen nicht nur Angler, sondern auch UW-Fotografen vor Probleme: Zwar zeigen sich kleinere Brassen auch am Tage, aber die mißtrauischen Kapitalen gehen vorwiegend erst bei Anbruch der Nacht auf Nahrungssuche. Doch keine Regel ohne Ausnahme. Meinen größten Brassen (Abramis brama) sah ich ausgerechnet gegen Mittag im hellsten Sonnenschein frei auf einer Schlammfläche wühlen. Zugegeben, bei seiner Größe hatte er auch keine natürlichen Feinde mehr zu fürchten. Und mich UW-Fotografen nahm er wohl nicht für voll. Was ich auch anstellte, der Abstand zum Fisch blieb konstant bei vier bis fünf Metern, während er seelenruhig sein Maul nach vorne stülpte und wie eine Dreckschleuder den Mulm nach allen Seiten hinwegblies. An ein Foto war nicht zu denken. Das Biest schien es geahnt zu haben, denn wie zum Hohn schlug es nach jedem Wühlen noch den Schwanz in den Schlamm. Meine drohende Faust quittierte der Fisch, indem er provozierend sorglos näherschwamm und anschließend eine Kehrtwendung machte. Dann verschwand er im milchigen Grün. Abramis hatte eine trübe Suppe hinterlassen, wie sie selbst fünf erwachsene Waller nicht fertiggebracht hätten...

WO DER BRASSEN LEBT

Eigentlich wohnt Abramis in ganz Mitteleuropa, sein bevorzugter Lebensraum wird Brassenregion genannt, weil er dort der Leitfisch ist. Der hochrückige Fisch kommt jedoch sowohl in den Niederungen als auch im Mittelgebirge vor, geht sogar ins Brackwasser, dringt gerne aus großen Flüssen (Rhein, Donau, Elbe) in die Nebenarme ein, findet sich in Kiesgruben und Baggerseen, taucht unerklärlicherweise auch in eiskalten Quellseen auf und flitzt dort putzmunter umher. In abgeschlossenen Altwassern mit Grundwasserzufluß sind Brassen neben Aalen oft die einzigen Fische.

Leben kann Abramis auch in warmem Wasser, den ausgewachsenen Tieren schadet selbst eine 25°-28° C warme Brühe nicht, doch der Laich macht das nicht mit. Bei mehr als 28° C stirbt die Brut. Brassen schwimmen gern in kleinen Gruppen, in denen die Einzelfische alle etwa gleich groß sind. Man kann das selbst von Land aus deutlich erkennen. Ganz junge Brassen leben vorwiegend im Freiwasser und ernähren sich von Zooplankton. Senior-Brassen neigen zum Einzelgängerdasein, stehen tagsüber in den Uferpflanzen oder liegen in einem Algenbett - seltsamerweise oft in der Nähe von großen Hechten, die ihnen aber wegen des hochrückigen Körperbaus nicht viel anhaben können. Trotzdem sieht man viele Altbrassen mit Bißwunden, Schrammen und zerfledderten Flossen. Bei denen haben sich die Jäger offenbar verschätzt. Robust und fortpflanzungsfreudig wie Abramis ist, braucht man sich um seine Zukunft wenig Sorgen zu machen.

Oben: Wegen seiner Körperfarbe (bleigrau) wird der Brassen auch Blei genannt.
Links: Zur Nahrungsaufnahme kann der Brassen das Maul vorstülpen.

SCHLAMMTAUCHER

In den ersten Lebensjahren fressen Brassen zunächst alle Arten von Kleinstlebewesen, Larven, Krebsen, Würmchen, Wasserasseln. Mit zunehmender Größe und wachsendem Appetit gehen sie dann zu Muscheln, Schnecken und Schlammröhrenwürmern über. Ihr Hunger scheint riesig zu werden, wenn die Wassertemperatur ansteigt, dann fressen sie auch die Nächte durch, ruhen sich nur stundenweise aus.

Etwa drei Prozent des Eigengewichts muß ein Brassen täglich fressen. Pro Jahr entspricht das etwa einer Mindestnahrungsaufnahme vom elf- bis zwölffachen des Körpergewichts. Vermutlich vertilgen Brassen aber wesentlich mehr, das 15- bis 16fache des Körpergewichts dürfte normal sein. Um an die Nahrung zu gelangen, stehen Brassen schräg, bisweilen senkrecht im Wasser, stülpen das Maul vor und saugen das Futter mitsamt dem Schlamm ein. Die unbrauchbaren Teile verlassen die Mundhöhle entweder durch die Kiemenspalten oder werden ausgeschieden. Wie kleine Mahlsteine zerkleinern die Schlundzähne alle verwertbaren Stoffe. Damit der Fisch dabei nicht jedesmal Wasser und Schlamm schlucken muß, kann er den Schlund beim Aufnehmen der Nahrung verschließen. Einfach perfekt.

Wo Brassenschwärme den Grund abgeweidet haben, bleiben kleine Schlammkuhlen zurück, sogenannte Fraßlöcher, die je nach Größe der Tiere bis handtellergroß ausfallen können. Ist Abramis auf den Geschmack gekommen, und bietet der weiche Untergrund reichlich Nahrung, tauchen Brassen mit dem ganzen Oberkörper in den Mulm, ja sie durchstoßen sogar die Schlammschicht total und kommen an anderer Stelle wieder zum Vorschein. Wo ein solcher Schwarm gewütet hat, braucht das Wasser Stunden, um wieder klar zu werden. Da verziehen sich selbst Raubfische, weil sie sich in einer solchen Brühe unwohl fühlen.

FLAGGSCHIFFE

Bei einem großen Brassen kann die Körperhöhe gut 40 Prozent der Länge ausmachen. Wie eine Scheibe pflügt er dann durchs Unterwassergestrüpp. Der schleimige Schuppenüberzug schützt den Fisch vor Parasiten und verringert den Wasserwiderstand. Brassen können sehr schnell schwimmen. Wer einmal gesehen hat, wie vehement sie ihren Körper beschleunigen, wird nie mehr versuchen, hinterher zu schwimmen. Der hochrückige Brassen gehört zu den grätenreichsten Vertretern der heimischen Fischwelt, was ihn als Speisefisch nicht unbedingt beliebt macht. Sein Fleisch, so bekunden Kenner übereinstimmend, sei allerdings eine echte Delikatesse. Wie alt Brassen werden, ist noch strittig, vielleicht 25 Jahre. Beeindruckende Spitzengewichte liegen bei sieben bis acht Kilo. Abramis hat dann viel Ähnlichkeit mit einem Wagenrad. Rekordfische finden sich aber nicht nur in großen und tiefen Seen, sondern häufig auch in kleinen Flüssen und Altwassern.

DAS RÄTSEL DER VERBUTTUNG

Wie viele andere heimische Fischarten neigt auch der Brassen zur Verbuttung (Zwergwüchsigkeit), wenn er sich stark vermehrt. Das heißt: Die Durchschnittsgröße sinkt. Hungerformen entstehen jedoch auch durch Nahrungsmangel und Nahrungsänderung. Gewässer, in denen Brassen wenig Bodenfutter finden und gezwungenermaßen Plankton filtern müssen, beherbergen naturbedingt nur mindermaßige Fische.

Verbuttung an sich ist nach Meinung des Fischexperten Dr. Gernot Otte aber keine Sache des Erbguts, sondern Folge der Besatzmaßnahmen und der Befischung. In natürlich geregelten Gewässern gibt es nämlich keine Verbuttungen. Ergo kommt diese Verkümmerung der Brassen nur in bewirtschafteten Gewässern vor - weil in diesen das natürliche Gleichgewicht fehlt. Geangelt werden nämlich in erster Linie nur die großen Raubfische, weil sie besser schmecken und den höheren Fangstatus haben. Die grätenreichen Friedfische werden nach dem Drill wieder ausgesetzt, weil man für sie keine Verwendung sieht. Sogenannte Hungerbrassen entstehen also durch eine überhöhte Bestandsdichte. Würde man solche Gewässer (meist Baggerseen) einige Jahre sich selbst überlassen, wäre die Verbuttung der Brassen gestoppt.

***Linke Seite, oben:* Wie auf Hochglanz poliert wirkt der bleigraue Fisch im Blitzlicht.**
***Oben:* In der Jugend ernährt sich der Brassen vorwiegend von Zooplankton. Größere Exemplare gehen verstärkt zur Bodennahrung über.**
***Mitte u. unten:* Brassen sind die Wühlmäuse im See. Bei lockeren Bodensedimenten tauchen sie oft mit dem ganzen Körper ein.**

GÜSTER

KLEIDER MACHEN LEUTE

Die Güster oder Blicke (Blicca björkna) sieht rein äußerlich dem Brassen sehr ähnlich und wird auch regelmäßig mit ihrem großen Vetter verwechselt - Kleider machen eben Leute.

Links: Güster-Brassen ähneln den richtigen Brassen, werden aber nicht so groß.
Oben: Im Kraut wähnt sich die Güster vor Feinden sicher.

Allerdings bleiben Güstern mit höchstens 35 Zentimetern wesentlich kleiner als Brassen, die bis zu 80 Zentimeter lang werden können. Sie ernähren sich auch eher vom Plankton des Freiwassers, gehen aber dennoch in der Uferzone auf Nahrungssuche nach kleinen Bodentieren. Bei der Güster reichen die Brustflossen nicht bis zum Ansatz der Bauchflossen - das ist ein gut erkennbarer Unterschied zum größeren Bruder. Güstern besitzen ein größeres Auge als gleichgroße Brassen, das außerdem näher dem Maul liegt. Die Afterflosse ist kurz und breit, hat nicht Sichelform wie beim Brassen. Unterscheidungsmerkmale finden sich ebenso in der Färbung: Beim Brassen sind Rücken-, Bauch-, After- und Schwanzflosse bleigrau, deshalb wird er vielerorts auch „Blei" genannt.

Güsterweibchen werden erheblich größer als die Männchen und legen bis zu 100 000 Eier ab, die an Wasserpflanzen festkleben. Die kleinen Fische machen dabei so ein Mordsgetümmel, daß man meinen könnte, es wären dicke Karpfen am Werk. Im Winter zieht es die Güster an eine tiefere Stelle im See, wo sie die Winterruhe verbringt, manchmal in kleinen Gruppen. Als Speisefisch konnte sich die Güster wegen ihres grätenreichen Fleisches nie durchsetzen. Auch bei den Sportfi-

schern ist sie unbeliebt, insbesondere dann, wenn sie sich unter Brassenschwärme mischt und statt eines dicken Abramis brama an die Angel geht. Eben weil sie von niemandem so recht geliebt wird, scheint ihre Art auch nicht gefährdet, denn keiner will sie fangen und essen. Außerdem gilt die Güster als ein äußerst robuster und durchsetzungsfähiger Fisch, dessen Bedeutung als Nahrungskonkurrent zum edleren Brassen und anderen Fischen allerdings weit überschätzt wird. In einem gesunden Gewässer gibt es nämlich keine schädlichen Bewohner.

Ein kleines Geheimnis umgibt die Beziehung zwischen Güster und Brassen. Beide Arten kommen gleichzeitig fast nur in großen Seen vor, wo sie sich auch mischen. Kleine Gewässer beherbergen indes überwiegend nur eine der beiden Arten.

Güster und Brassen gehören verschiedenen Gattungen an, trotz der täuschenden Ähnlichkeit. Brassen haben zudem Schonmaße, die Güster aber ist Freiwild, darf zu jeder Jahres- und Tageszeit gefangen werden. Geschadet hat ihr das bis jetzt nicht, denn viele Angler setzen Blicca wieder zurück, weil sie den Zwilling für einen untermaßigen Brassen halten. So kommt man auch über die Runden.

Oben: Augenstudie einer Güster.
Links: Blaue Güster in einem Stausee. Viele der Fische sind von Parasiten (schwarze Punkte) bzw. Pilzen befallen. Man vermutet, daß dies durch häufigen Kontakt mit Bodensedimenten hervorgerufen wird.
Unten: Gústern paaren sich häufig mit Brassen, woraus dann Güster-Brassen entstehen, wie dieser abgebildete Fisch.

Verstecken ist in der Nacht lebensnotwendig.

ROTAUGE
KLEINER FISCH, GANZ GROSS

Rotaugen oder Plötzen (Rutilus rutilus) bilden die mit Abstand mitgliederstärkste Fisch-Fraktion unserer Gewässer. Die Gattung umfaßt weltweit etwa zehn unterschiedliche Arten, die sich wiederum in unzählige Unterarten, Rassen und Standformen teilen, so daß selbst Experten bisweilen den Überblick verlieren.
Rutilus ist weit verbreitet. Von Sibirien über Großbritannien bis in verschiedene Gebiete im Mittelmeerraum - überall wimmeln Rotaugen im Wasser herum. Die größte heimische Unterart lebt im Chiemsee, kann dort 70 Zentimeter lang und fünf Kilo schwer werden - der Perlfisch.
In Mitteleuropa, dem Hauptverbreitungsgebiet, kommt das Rotauge vom Brackwasser bis in 1700 Meter hochgelegenen Bergseen vor. Gemieden wird nur die extreme Forellenregion mit ihren eiskalten Gebirgsbächen, doch verirrt sich der rotäugige Schwimmer mitunter in Quellbäche von weniger als 10° C und bleibt dort sogar wochenlang standorttreu.

STOP AND GO

Rotaugen leben im Stop-and-go-Rhythmus: In Uferzonen mit dichtem Pflanzenbewuchs fühlen sie sich anscheinend wohl, denn sie schließen sich dort zu großen Schwärmen zusammen, ziehen wahllos umher und verwirren so ihre Feinde (Hecht, Zander, Wels). Besonders gerne stehen sie über großen monotonen Flächen von Armleuchteralgen, wo sie alles beobachten können und bei Gefahr entweder ins Freiwasser flüchten oder sich im Pflanzendickicht verstecken können. Große Plötzen halten sich auch fernab des Ufers in tieferen Wasserschichten auf, stehen dort aber stundenlang fast auf dem Fleck.
Weil Rotaugen so unglaublich zahlreich vorhanden sind, finden sich darunter immer wieder Einzelgänger, Individualisten und Sonderlinge, die in kein Schema passen. Manche vergraben sich in Schleimalgenbüschel, andere strecken nur die Schwänze aus dem Kraut, einige liegen auf versunkenen Bäumen und ruhen sich in Astgabeln aus, schauen mit dem Kopf aus Moder und Laub. Die ganz frechen sonnen sich an der Wasseroberfläche.

RÄUBER HABEN SIE ZUM FRESSEN GERN

Etwas widersprüchlich ist das Ansehen der Rotaugen. Wenig geschätzt wird ihr grätenreiches Fleisch, doch spielen sie in fast allen Gewässern eine herausragende Rolle als wertvoller Futterfisch für Zander und Hecht. Wo Rutilus fehlt, bleiben die Raubfische meist Kümmerlinge, weil eine wichtige Nahrungsquelle versiegt ist.
Große Fänge verzeichnet regelmäßig der Bodensee, wo früher im Untersee bis zu 100 Tonnen jährlich gelandet wurden, was aber zu einer Ausdünnung der Bestände geführt hat. Heute liegt der Durchschnittsertrag aber immerhin noch bei zehn Tonnen im Jahr mit steigender Tendenz. Bei UW-Fotografen steht die Plötze wegen ihres Aussehens - rotgefärbte Augen im silbrig schimmernden Kopf - hoch im Kurs, zusammen mit der attraktiven Rotfeder. Natürlich auch deshalb, weil perfekte Rotaugenfotos wegen der angeborenen Scheu des Fisches nicht ganz einfach sind.

ZÄHNE IM SCHLUND

Wie alle Karpfenfische haben Rotaugen die Zähne nicht im Maul, sondern im Schlund; ein wichtiges Bestimmungsmerkmal der Cypriniden. Sie haben keinen Magen. Darum muß die Nahrung sorgfältig zerkleinert werden, denn ihnen fehlt ja die alles Organische zersetzende Magensäure. Deshalb können sie ihre Beute nicht wie Raubfische unzerkleinert hinunterschlingen. Als Ausgleich für den fehlenden Magen sind Mitteldarm und Enddarm sehr lang, haben etwa dreifache Körperlänge.

Links: Ein Rotaugenschwarm auf Futtersuche.

Plötzen suchen ihre Beute mit den Augen, der Geschmackssinn scheint weniger gut entwickelt. Sie fressen fast alles an Kleintieren und pflanzlicher Nahrung, können aber auch zu reinen Vegetariern werden, wenn es sein muß. Riechen können Plötzen sehr gut. Die vorspringende Nase unterstützt das passive Riechen beim Schwimmen, ohne daß Wasser extra eingesaugt werden muß.

DIE LAST MIT DER SCHWIMMBLASE

Laichzeit ist in den Monaten April bis Mai, das Wasser muß aber mindestens 10° C haben, sonst warten die Rotaugen bis Juni oder Juli. Das Laichgeschäft wird im Schwarm erledigt, wobei die Leiber so dicht stehen, daß die Bewegungen manchmal zischende Geräusche verursachen. Während der Liebesspiele hebt es so manchen Fisch im Eifer des Gefechts halb aus dem Wasser. Zum Überleben des Laichs müssen Wasserpflanzen, Wurzelwerk, Äste, Holzstücke oder saubere Steine vorhanden sein. Geraten die klebrigen Eier in den Schlamm, sterben sie in der Regel an Sauerstoffmangel und Verpilzung. Aber auch die bis zu 200 000 Eier eines Rotaugenweibchens im Pflanzengewirr der Ufervegetation locken Laichräuber an, vorwiegend Aale machen sich über den Plötzenkaviar her.

Die nach zehn Tagen geschlüpften Larven müssen so schnell wie möglich zur Oberfläche aufsteigen. Durch instinktives Luftschlucken wird die Schwimmblase, die den größten Raum in der Bauchhöhle einnimmt, mit atmosphärischer Luft gefüllt. Später produzieren spezielle Drüsen das hauptsächlich aus Stickstoff bestehende Gas.

Mittels der gefüllten Schwimmblase kann die Plötze in jeder Tiefe schwerelos stehen. Doch muß der Fisch geduldig sein. Will Rutilus aus großer Tiefe nach oben, dauert das seine Zeit. Manchmal sind Stunden oder sogar Tage nötig, sonst kommt es wegen des großen Druckunterschieds zu inneren Schädigungen. Aber das spürt der Fisch und ist instinktiv langsam beim Aufsteigen. Plötzen ruhen deshalb an Scharkanten oder Bergen, wo sie sich stufenweise nach oben tasten. Werden sie während dieser Zeit von einem Raubfisch angegriffen, oder gehen sie an die Angel eines Sportfischers, flüchten sie immer nach unten.

ES GIBT AUCH KAPITALE

Man ist leicht versucht zu glauben, Rotaugen wären nur Kümmerlinge von zehn bis zwanzig Zentimetern Länge. Sicher, die gibt es auch, wenn Übervölkerung herrscht oder ein zu geringer Raubfischbestand vorliegt. Die Kümmerform wird Spitzplötze genannt.
Im Normalfall wachsen Plötzen auf gut 40 Zentimeter Länge und wiegen dann knapp zweieinhalb Kilo - ordentliche Brocken. Das Höchstalter kann bei 25 Jahren liegen. Ungeklärt ist, weshalb in ein und demselben Gewässer manche Rotaugen schnell- und andere langsamwüchsig sind. Es könnten Erbfaktoren oder Standplätze mit viel oder wenig Futter, Raubfischreviere, aber auch Gruppenstreß eine Rolle spielen.

***Linke Seite, oben:* Rotaugen sind für jedes Raubfischgewässer als Futterfische von großer Bedeutung.**
***Oben:* Tagsüber halten sich Rotaugen auch gern mal im Freiwasser auf.**
***Mitte:* Wie gemalt - ein Rotaugenportrait.**
***Unten:* Rotaugenschuppen sind klein und fein strukturiert.**

ROTFEDER DER FILOU

Man begegnet ihr in langsam fließenden und stehenden Gewässern vom Ostseebrackwasser bis hinauf in 1800 Meter hoch gelegenen Bergseen. Das Verbreitungsgebiet der Rotfeder (Scardinius erythrophthalmus) erstreckt sich über ganz Mitteleuropa. In Mittel- und Süditalien lebt eine Unterart (Scardinius erythrophthalmus scardafa) und in Griechenland die Lokalrasse Scardinius graecus, deren Körperform langgestreckter ausfällt als die der übrigen Formen.

HEIMAT IM KRAUT

Im Gegensatz zum Rotauge, das etwas lichtscheu ist und die grelle Sonne eher meidet, streben Rotfedern gern zur Oberfläche. In ganzen Scharen fangen sie dort auf dem Wasser treibende Insekten. Ihre Rückenflossen schneiden dann wie bei Haien sichtbar durch die Wasseroberfläche.
Lieblingsstandplätze sind Seerosenfelder, wo sie die Unterseite der Blätter abweiden. Sie bevorzugen ebenso das schützende Krautbett, in dem sie sich auch am Tage niederlassen, um zwischen den Pflanzen Deckung und Nahrung zu suchen. Starke Strömungen sind nicht ihr Fall, weshalb die hellen Flitzer in Flüssen und größeren Bächen stille Buchten suchen und auch gern in ruhigen Gumpen stehen. Je mehr Pflanzenbewuchs dort herrscht, desto lieber hat es Scardinius. Oftmals sucht sich die Rotfeder ein schwer zugängliches Revier aus, was Angler verzweifeln läßt. So hält sie sich unter überhängenden Bäumen auf, räkelt ihren Körper in versunkenem Astwerk und bevorzugt Standplätze im hochstehenden Laichkraut, wo sie aber häufig dem Lauerräuber Hecht zum Opfer fällt. Im Winter zieht sich Scardinius im Schwarm in tie-

***Oben:** Häufig nimmt die Rotfeder am Laichgeschäft anderer Karpfenfische teil und bildet dann Bastardformen wie diese.*
***Links:** Ein schönes Rotfedern-Portrait.*

fes und ruhiges Wasser zurück, hält aber keinen richtigen Winterschlaf. Einzelexemplare streben selbst in zugefrorenen Gewässern hin und wieder nach oben und suchen nach Plankton.

Beobachtungen zufolge sollen große Rotfedern im Verband immer dessen Mitte aufsuchen, um so vor Raubfischen besser geschützt zu sein. Eine Verhaltensweise, die ich bestätigen kann, doch gehen die Alttiere noch viel raffinierter vor. Zieht der Schwarm am Ufer entlang und berührt einen Pflanzenwald, schwimmen die starken Rotfedern außen im Freiwasser, so daß aus dem Kraut schießende Hechte zuerst das Jungvolk erbeuten. Eine fast perfide Überlebenstaktik.

NICHT NUR VEGETARISCH

Viele Autoren bekannter Lehrbücher stecken die Rotfeder in die vegetarische Ecke. Doch trifft dies nur bedingt zu. Zwar bevorzugt der rotflossige Fisch in erster Linie pflanzliche Kost, aber nicht ausschließlich. Köcherfliegenlarven gehören mit zur Leibspeise, Krebstierchen und Lungenschnecken haben nichts zu lachen, wenn eine Rotfeder auf Nahrungssuche geht, und für Insek-

Oben: Nahe der Oberfläche sucht die Rotfeder nach Treibnahrung. Rechts: Rotfeder in ihrer ganzen Schönheit.

ten, die auf dem Wasser zappeln, hat die Ungewißheit schnell ein Ende, wenn Scardinius der Sonne entgegenschwimmt. Rotfedern sind im Notfall Allesfresser, sie machen noch nicht einmal vor der anscheinend eklig schmeckenden Wasserwanze Corixa halt, die von fast allen Süßwasserfischen gemieden wird. Große Rotfedern wurden außerdem beobachtet, wie sie Jagd auf Fischbrut machten. Die vegetarische Theorie scheint ebenso ein Märchen zu sein wie die Klassifizierung der Rotfeder als reiner Friedfisch.

DAS GESCHÄFT MIT DER LIEBE

Viele Fische (zum Beispiel Brassen und Rotaugen) paaren sich gelegentlich mit Fischen anderer Arten, aber keiner treibt es so toll wie die Rotfeder. Sie ist ein richtiger Filou. Da ihre Laichzeit (April - Juni) in die der anderen Cypriniden fällt, hat sie es verhältnismäßig leicht, Partner und Art zu wechseln. Häufig mischen sich Rotfedern unter Güstern, Rotaugen, Lauben und Brassen, was zu undefinierbaren Kreuzungen führt, die kein Laie und nur wenige Fachleute auseinanderhalten können. Die fruchtbaren Bastardformen paaren sich wiederum mit x-beliebigen Cypriniden, so daß in etlichen Seen die Bestimmung von Rotaugen und Rotfedern nicht mehr eindeutig ausfällt. Dies hat zur Folge, daß die Bestände der echten Rotfedern kaum mehr erfaßt werden können. Erfahrene Angler glauben aber festzustellen, daß die Vorkommen von Scardinius erythrophthalmus schwinden, was ursächlich auch mit dem Rückgang der Wasserpflanzenbestände in regulierten Flußläufen und stark frequentierten Badeseen zu tun hat. Gegenüber äußeren Einflüssen sind Rotfedern nicht sehr widerstandsfähig. Verletzt sich der silbrig glänzende Fisch mit den herrlich roten Flossen an Ästen, Steinen oder beim Angriff eines Jägers, beginnen die wunden Stellen fast immer zu verpilzen. Rotfedern mit kleinen Verwundungen suchen deshalb klare Quelltöpfe oder unterirdische Zuflüsse im See auf, in deren Nähe sie sich im sauberem Wasser kurieren. Andere Fische wie Hechte, Zander, Barben, Schleien und Karpfen machen das übrigens auch. Ironie des Schicksals: Die ebenfalls kranken Räuber erbeuten während ihrer Genesung an den Quellen immer mal wieder einen maladen Friedfisch, der nicht mehr so flink ist.

REKORDE

Zwanzig Jahre alt können heimische Rotfedern werden und mehr als drei Kilo schwer bei einer größten Länge von ungefähr 40 Zentimetern. Dem gegenüber steht eine in Westrumänien in den heißen Quellen von Baile Epicopesti lebende Unterart (Scardinus erythrophthalmus racoritzai), die nur neun Zentimeter lang und bereits nach einem Jahr geschlechtsreif wird. Das merkwürdige Fischlein verträgt Wassertemperaturen bis zu 34° C und stirbt, wenn 20° C unterschritten werden. Auch nach dem Ablaichen gehen die Heißquellen-Rotfedern zugrunde. Manche dieser Tiere werden deshalb nur ein bis zwei Jahre alt.

Oben: Die Maulspalte der Rotfeder ist deutlich nach oben gezogen - ein gutes Erkennungsmerkmal. Mitte: Schuppen- und Kiemenstruktur ähneln denen des Rotauges. Unten: Schwanzflosse - diese „rote Feder" gab dem Fisch den Namen.

Dieses Exemplar ist 80 Zentimeter lang - ein ordentlicher Brocken!

BARBE DER FISCH MIT DEM MONGOLEN GESICHT

Die Barbe sieht mit ihren dünnen Bartfäden ein wenig aus wie der Mongolenfürst Dshingis Khan. Sie bewohnt vorzugsweise schnellfließende Gewässer, mitunter kann es ihr nicht reißend genug sein. In der Nähe von Buhnen, Wehren, Brückenpfeilern und Strudeln fühlt sie sich wohl, zieht bei Bedarf aber auch in stille Nebenarme mit Kies- und Sandgrund oder dringt in Ausnahmefällen selbst in große Seen (Bodensee) vor, wo sie sich dann in Schlamm, Schlick und Moder ihre Nahrung ergründelt. Die besteht in erster Linie aus kleinen Bodentieren (Schnecken, Muscheln, Insektenlarven, Würmer), sie raubt aber auch Fischlaich und kleine Fische. Große Barben machen selbst vor Beutetieren wie Barsch, Forelle und Aal nicht halt.
Normalerweise kann man fischfressende Barben nicht fotografieren, weil der Schluckvorgang einfach zu schnell abläuft. Doch gelang mir ein einziges Mal der Glücksschuß einer Barbe, die gerade einen kleinen Barsch verschlingen wollte: Die Beute war zu groß und wollte einfach nicht zügig hinunterrutschen. Etwa zwei Minuten würgte sie, dann war der Flußbarsch auf dem Weg in den Magen - und das Foto im Kasten (siehe Kapitel „Fressen und gefressen werden").

MYSTERIÖSE FARBVARIANTEN

Woran es liegt, weiß vermutlich niemand, aber Barben unterscheiden sich hinsichtlich ihrer Körperfarben teils von Gewässer zu Gewässer. Vielerorts sind sie goldgelb mit zartrosa Flossen, dann wiederum schimmern sie fast völlig weiß, andere sind gescheckt (grau mit schwarzen Flecken), auch rotbraune Färbungen bis hin zu Rottönen in den Schuppen sind mir unter Wasser begegnet. Auch bildet die Barbe (Barbus barbus) viele Unterarten von Rußland über den Balkan bis Italien, Frankreich und Spanien. Bulgarien, Griechenland und die Türkei beherbergen wieder eigene Arten.
Daß sich bei den Barben überhaupt jemand genau auskennt, wird selbst von Fachleuten bezweifelt. So wird beispielsweise die Südbarbe (Barbus barbus ple-

bejus) immer wieder als Tiberbarbe bezeichnet, was dann zu Verwechslungen führt. Der Semling (Barbus meridianalis petenyi), eine Unterart, wurde im Oberlauf der Oder und in der Weichsel beobachtet.

ANGEPASSTE KÖRPERFORM

Für das Leben in der Strömung ist die Barbe wie geschaffen. Ihr torpedoförmiger Körper mit der abfallenden Schnauze weist beste aquadynamische Werte auf, hat also einen sehr geringen Wasserwiderstand. Wenn Barbus am Boden liegt und den Kopf zwischen die Kiesel preßt, dann findet das wildeste Wasser keinen Halt auf der Oberfläche. Selbst am Ausgang von Kraftwerken, wo die Turbinen das Wasser katapultartig ins Freie drücken, steht die Barbe so unerschütterlich wie ein Fels.

Barben haben Temperament und strotzen vor unbändiger Wildheit. Sportfischer bestätigen immer wieder, daß der schnauzbärtige Fisch ein großes Kämpferherz besitzt und sich an der Angelschnur erst nach hartem Drill geschlagen gibt. Bedenkt man, daß Barben in unseren Gewässern bis 90 Zentimeter groß und zehn Kilo schwer werden können, kann man sich das Energiepotential dieses Fisches vorstellen. Eine etwa 50 Zentimeter lange Barbe, die ich nur mal spaßeshalber mit der Hand greifen wollte, hat sich nur lässig geschüttelt, dann war sie wieder frei.

Links: Selbst Barbenkenner sind immer wieder verflüfft, welche Farbnuancen auftreten. Dieses Exemplar wurde in Bayern fotografiert.
Unten: Flossenstrahlen einer Barbe.

VORSORGE

Überall wo Flüsse und Bäche durch Begradigungen und Staustufen in ihrem natürlichen Lauf korrigiert wurden, gingen die Barbenbestände rapide zurück. Der gern in kleinen Gruppen schwimmende Fisch benötigt zur Laichabgabe die Möglichkeit, flußaufwärts zu schwimmen, um sich an geeigneten Stellen schwarmweise zu paaren. Unterbindet man diese Verhaltensweise, nimmt der Bestand ab.
Vielfach wurden - man weiß das heute - die Barbenpopulationen weit überbewertet. Fing man in einem Bach mehr als drei Barben am Tag, so schloß man auf eine Übervölkerung, was nicht selten zum unsinnigen Dezimieren der Barbenbestände aus vermeintlichen Konkurrenzgründen zu den Salmoniden führte. Vielerorts kann die Barbe aus eigener Kraft nur überleben, wenn die Gewässer wieder so hergestellt werden, daß sie von den Bartelträgern durchwandert werden können. Besatzmaßnahmen sind gut - aber wenn es ohne menschliche Hilfe nicht mehr geht, zeigt das überdeutlich, daß mit der Natur etwas nicht stimmt.

MERKWÜRDIGE PAARUNG

Bürgerlich gesittet geht es bei Barbenhochzeiten nicht zu: Abgelaicht wird nämlich gemeinsam im Schwarm, feste Paare gibt es nicht. Die Eizahl schwankt

Oben: Eine große Barbe wie diese hat nur wenig Feinde zu fürchten, trotzdem verkriecht sie sich während der Ruhephasen zwischen Pflanzen.
Rechts: Wenn der Barbentrupp loszieht, erkundet ein Führungstier die Route. Es schwimmt getrennt von den anderen, oft weit voraus, wie dieses hier.

pro Barbe und ist auch von der Art abhängig. Aber 9000 Eier pro Tier sind keine Seltenheit. Für Menschen ist der Laich giftig (Durchfall und Erbrechen), vom Bauchfleisch wird während der Laichzeit ähnliches behauptet. Haften die klebrigen Eier noch anfangs auf dem Untergrund des Laichplatzes, werden sie später von der Strömung weggespült und in alle Winkel des Gewässers verstreut.

Wirtschaftlich gesehen kommt der Barbe eine eher untergeordnete Bedeutung zu. Zwar wird sie von Berufsfischern mit Netzen und Reusen gefangen, doch das wohlschmeckende, aber grätenreiche Fleisch hat sich nicht auf internationalen Speisekarten etablieren können.

Bemerkenswert mag sein, daß man Barben in Spanien mit Orangen fängt. Angler schneiden die ungeschälte Frucht in Spalten oder kleine Stücke, die dann eigenartigerweise mitsamt der Schale gefressen werden. Bodenständigen Geschmack bewies eine bayrische Barbe, die in der Donau bei Vilshofen einem 15jährigen auf ein Stück Leberkäs' an die Angel ging, neun Kilo schwer und 96 Zentimeter lang. Wie verschieden Barben in ihrem Wesen sind, belegen markierte Fische, von denen die einen innerhalb eines Monats mehr als 100 Kilometer in der Donau zurücklegten, während andere sich innerhalb eines Jahres kaum von ihrem Stammplatz entfernten. Grundsätzlich aber wandert die Barbe bei starker Erwärmung ihres Gewässers auch außerhalb der Laichzeit und sucht sich kühlere Nahrungsgründe. Spekuliert wird noch, ob es in Barbentrupps Vorauskommandos gibt, die neue Lebensräume für die Gruppe erschließen, ähnlich wie Pfadfinder. Es würde das scheinbar ziellose Umherziehen einzelner Barben wenigstens zum Teil erklären.

***Oben:* Gut zu erkennen - die Barteln, die dem Fisch seinen Namen gaben.**
***Mitte:* Wie gut sieht die Barbe? Wir wissen es nicht, doch verfolgten alle Barben den Autor mit rollenden Augen.**
***Unten:* Kleine Schuppen in goldfarbenem Ton verleihen den Barben ein schimmerndes Äußeres.**

HASEL DER SPRINGER VOM DIENST

Wenn es irgendwo an der Wasseroberfläche platscht, dann war es bestimmt ein Hasel (Leuciscus leuciscus). Ein Fisch, der einer ganzen Gattung ihren Namen gegeben hat: den Leuciscus-Arten. Unter den Karpfenfischen, zu deren Familie er zählt, gilt er mit Abstand als der beste und eleganteste Schwimmer.

PÜNKTLICHER ALLESFRESSER

Obwohl Weißfische den ganzen Tag über fressen können und es auch tun, hält sich der Hasel wie ein wohlerzogener Mensch an bestimmte Futterzeiten, die jedoch von Gewässer zu Gewässer schwanken. In Fließgewässern nimmt er sein Frühstück zwischen zehn und zwölf Uhr zu sich, das Abendessen beginnt etwa um 18 Uhr. Den Lunch läßt er ausfallen, steht oder liegt statt dessen in ruhigen Buchten und macht Siesta.

Lebt der scheue Fisch in einem See, frißt er bereits um acht Uhr morgens, wenn die Sonne schräg ins Wasser scheint, legt gegen zehn Uhr eine Pause ein und geht aber bereits nach 13 Uhr wieder auf Nahrungssuche, die hauptsächlich im Erbeuten von Anflugnahrung und kleinen Bodentieren (Mückenlarven, Schnecken, Würmer)

Links, großes Foto: Klassisches Haselgewässer. Kalt, klar und leichte Strömung. Die ökologischen Ansprüche der Hasel sind höher als die von Rotaugen und Rotfedern. Oben: Schaut man flüchtig, könnte man ihn für einen jungen Döbel halten. Das Maul ist jedoch spitzer.

besteht. Zum Nachtisch genehmigt er sich einen vegetarischen Pflanzencocktail.
Obwohl Hasel weder vom Aussterben bedroht noch sonst gefährdet sind und auch geschmacklich keinen negativen Eindruck hinterlassen, konnte sich Leuciscus nie auf Festtafeln durchsetzen. Den Züchtern und vielen Anglern gilt er als minderwertiger Speise- und Angelfisch, und den Gourmets ist sein weißes, festes Fleisch zu grätenhaltig.

***Links:** Hasel in der Sonne. So gelang dem Autor nur ein einziger Kameraschuß, dann war der Hasel in Windeseile auf und davon.*
***Unten:** Dem scharfen Auge des Hasels entgeht kein Wasser- oder Luftinsekt.*

SALTO MORTALE

Werden Hasel gefangen und gehältert, tut man gut daran, einen Deckel über das Gefäß zu legen, denn der spindelförmige, fast drehrunde Fisch, dessen mittlere Länge bei etwa 20 Zentimetern liegt, gilt als Akrobat unter den Weißfischen. Was ihn dazu treibt, weiß niemand. Ein Zappelphilipp wie er im Buche steht, Loopings und Überschläge liefert er kostenlos am laufenden Band.
Unter Wasser erschwert sein scheues Wesen die Beobachtung. Pfeilschnell verschwindet er im Kraut oder stürmt ins offene Wasser. Verwechselt wird er häufig mit dem Döbel.

EINE RÄTSELHAFTE FAMILIE

Eigentlich weiß man über den einheimischen Hasel bereits recht viel: Er lebt gern gesellig an der Oberfläche und besiedelt kühle, klare Seen mit Zu- und Abläufen ebenso wie schnellströmende Bäche und Flüsse. Mancherorts hält er sich sogar im Mündungsdelta der in die Ostsee fließenden Gewässer auf. Er kann 30 Zentimeter lang und knapp 400 Gramm schwer werden, erreicht ein Alter von etwa 10 Jahren und laicht in den Monaten März bis Mai.
Mysteriös wird es aber, wenn man sich mit den im Ausland (Balkan, Frankreich) beheimateten Unterarten beschäftigt. Dann kommen selbst gestandene Wissenschaftler ins Schleudern, denn die Bestimmung der verschiedenen Leuciscus-Arten gerät fast zum Lottospiel, weil ihre Beschreibung nicht eindeutig ausfällt, viele Arten durch natürliche Kreuzung kaum mehr unterschieden werden können und außerdem über ihre Lebensweise so gut wie nichts bekannt ist. So gibt die unscheinbare Haselfamilie noch immer Rätsel auf.

Wenn er sich nicht bewegt, erkennt man ihn kaum. An diesem Bitterling schwamm der Autor fast vorüber.

BITTERLING DER SYMBIOSEFISCH

Bitterlinge (Rhodeus sericeus amarus) zählen zu den kleinsten Süßwasserfischen unserer Heimat. Nur selten werden sie länger als sechs bis sieben Zentimeter, die maximale Größe liegt bei neun Zentimetern. Wegen seiner eigenartigen Lebensweise - er benötigt für die Fortpflanzung immer bestimmte Muschelarten - gehört er zu den stark gefährdeten Arten. Die Ursachen sind vielfältig, doch liegt ein Hauptgrund im Rückgang von Maler- und Teichmuschel. Ein anderer Grund dürfte im Naturschutz selbst begründet sein. In vielen Bundesländern verbieten Gesetze die Aufrechterhaltung von Altweihern, Dorfteichen und Altarmen, so daß deren Verlandungstendenzen ungehindert fortschreiten können und dem Bitterling seine Lebensräume nehmen. Eine groteske Situation, denn mit dem Schutz der Verlandungszonen bewahrt man einerseits seltene Planzen und Kleintiere vor dem Aussterben, gräbt aber andererseits dem Muschelfisch buchstäblich das Wasser ab.

UNGESICHERTE VORKOMMEN

Woher der Bitterling stammt, ist unklar. Doch scheint er ein typisch deutscher Fisch zu sein, der schon immer hier gelebt hat. Er fehlt in Skandinavien, Großbritannien, auf der Iberischen Halbinsel sowie in Südeuropa, kommt aber nördlich des Balkan und in den Zuflüssen des Schwarzen Meeres vor.

Erhebungen über die Bitterlingsvorkommen im deutschsprachigen Raum sind von Schätzungen und Ungenauigkeiten bestimmt, weil der Winzling weder geangelt noch gefischt wird und nur wenige Angelvereine Besatzmaßnahmen zu seiner Erhaltung ergriffen haben. Leider können selbst gutmeinende Ansiedelungsversuche mit Fischen aus dem Aquarienhandel die Bestandssituation verschlechtern, weil in Unkenntnis der äußeren Merkmale des kleinen Fisches die täuschend ähnlich aussehende ostasiatische Bitterlingsrasse Rhodeus sericeus sericeus und möglicherweise andere Formen ungewollt ausgesetzt werden. Eine Vermischung der Population kann nicht ausgeschlossen werden, ebensowenig wie ein Zurückdrängen der heimischen Art durch die Einwanderer. Im Bodensee können zum Beispiel seit Jahren keine echten Bitterlinge mehr nachgewiesen werden.

LEBENSRÄUME

Bevorzugt werden in erster Linie stehende Gewässer mit starkem Pflanzenbewuchs und Schlammgrund. Fließgewässer werden nur besiedelt, wenn ruhige

Stellen wie Ausbuchtungen und Altarme mit Flachzonen vorhanden sind. So wurde der Bitterling in Rhein, Donau und Elbe mit ihren Nebenflüssen nachgewiesen. Stabile Vorkommen finden sich noch in den ostdeutschen Ländern und in Österreich, wo er selbst große und tiefe Seen erobert hat. Zweifelhaft erscheint sein Leben als Aquarienfisch, das er schon im 19. Jahrhundert zur Unterhaltung von Hobbyforschern führen mußte, die seine Brutsymbiose mit geeigneten Muscheln studierten. Wegen seiner Genügsamkeit - er frißt im wesentlichen Pflanzen und ergänzt seinen Speisezettel durch diverse Kleintiere - kann er problemlos gehalten werden. Er gilt außerdem als munterer und zählebiger Fisch mit attraktivem Äußeren. Bitterling heißt er, weil sein Fleisch bitter schmeckt.

FORTPFLANZUNGS-RITUAL

Von April bis Juni schließen sich die Bitterlinge zu kleinen Schwärmen zusammen und beginnen eine Art Hochzeitstanz. In wilden, ungeordneten Schleifen ziehen Männchen und Weibchen durch die Uferzone, bis sich einzelne Paare bilden, die dann zu einer Muschel streben. Erkennbar sind die Männchen an ihrem prächtigen Hochzeitskleid, die Weibchen an der verlängerten Legeröhre vor der Afterflosse. Diese Legeröhre führt das Weibchen in die Kloakenöffnung der Muschel ein, sobald diese ihre Schale öffnet, und läßt ein bis zwei Eier hineingleiten. Kurz darauf versprüht das Männchen seinen Samen über die Atemöffnung der Muschel, die ihn einsaugt und so die Eier befruchtet.

Bis zu 100 Eier kann ein Bitterlingsweibchen auf diese Weise ablegen, wobei wechselnde Partner die Regel sind. Allerdings verteidigt jedes Männchen seine Muschel vehement gegen Konkurrenten, so daß die Weibchen von Muschel zu Muschel wandern, wenn sie ihres Liebhabers überdrüssig werden oder von diesem vertrieben werden.

Die in der Muschel ausschlüpfenden Larven heften sich mit dem Dottersack an den Kiemenlamellen ihrer Brutmutter fest und verbleiben dort etwa zwei, drei Wochen bis zum Aufbrauchen der Nahrungsreserven. Mit knapp einem Zentimeter Länge verläßt die nun schwimmfähige Bitterlingsbrut den Kiemenraum der Muschel und gelangt über die Kloakenöffnung ins Freiwasser.

Das prächtige Hochzeitskleid der Bitterlingsmännchen bildet sich nur, wenn der Fisch eine Bezugsmuschel gefunden hat. Entfernt man diese (bei Aquarienhaltung), verschwindet die Färbung wieder. Wegen des eigenartigen Paarungsspiels und der geradezu absonderlichen und merkwürdigen Fortpflanzungsweise wurde der Bitterling schon immer als interessantes Studienobjekt der Verhaltensforschung betrachtet.

RAFFINIERTER BRUTSCHUTZ

Trotz der vielen Feinde und der vergleichsweise geringen Eizahl kann der Bitterling gerade wegen seiner ausge-

fallenen Brutpflege in gesunden Gewässern gut überleben und große Bestände bilden. In der Muschel sind die Larven vor Freßfeinden hervorragend geschützt, sinkt der Wasserstand, wandern die Muscheln vom Ufer weg in tiefere Regionen, so daß die Bitterlingseier vor dem Austrocknen bewahrt bleiben.
Die Fortpflanzung ist dem Bitterling unmöglich, wenn die Brutmuscheln in seinem Gewässer zugrunde gehen oder eingesammelt werden. Dann stirbt auch die Bitterlingspopulation aus. Grundsätzlich sucht sich der Bitterling nur Maler- oder Teichmuscheln als Brutstätte, akzeptiert im Notfall aber auch große Exemplare der Wandermuschel.
Übermäßiger Befall der Gewässer mit Wandermuscheln verdrängt jedoch die angestammten Brutmuscheln der Bitterlinge und läßt somit die Bestände von Rhodeus naturgemäß zurückgehen, denn Wandermuscheln scheinen auf Dauer nicht in der Lage zu sein, den Bestand der Bitterlinge zu sichern.
Unter allen heimischen Süßwasserfischen ist der kleine, unscheinbare Bitterling derjenige mit der eigenartigsten Fortpflanzung und auch der umfassendsten wissenschaftlichen Beobachtung. Aber noch immer weiß man nicht, wie das Bitterlingsweibchen beim Eierlegen an der Muschel den Atemsyphon von der Kloakenöffnung unterscheidet.

***Linke Seite, oben:** Einer der interessantesten Fische unserer Heimat ist der Bitterling. **Rechts:** Im Detail gesehen leuchtet der Bitterling in bläulichen Farben. Das Hochzeitskleid der Männchen ist besonders prächtig. **Unten:** Nur selten zieht es ihn von seiner Muschel weg ins Freiwasser.*

Oben: Die Elritze dient vor allem Salmoniden als Futterfisch - deshalb muß sie sich ständig verstecken. Links: Auch diese Elritze wagt sich nur wenig aus der sicheren Deckung.

Von vielen werden sie nicht beachtet, den meisten sind sie unbekannt, mit ihren Namen wissen nur Fischkenner etwas anzufangen: Einheimische Fische, die in der Regel nicht größer als 15 bis 20 Zentimeter werden, fristen, was Schutzwürdigkeit und Popularität anbelangt, ein eher kümmerliches Dasein. Der Großteil von ihnen ist regional vom Aussterben bedroht, Besatz findet nur selten statt. Weil der sportliche oder kulinarische Wert als nahezu unbedeutend angesehen wird, hegt niemand diese Fische.

Doch gerade die kleinen und oftmals unscheinbaren Flossentiere sind das Salz in der Fischsuppe unserer Gewässer. Ihre Funktion als Futterfische für die Großen und als Faktor einer vielfältigen und gesunden Unterwasserwelt darf nicht unterschätzt werden. Artenarme Seen, wo nur Hecht, Karpfen, Plötze und Schleie leben, ähneln einer Wasserwüste im Vergleich zu einem kleinen Weiher, der zehn oder mehr Kleinfischarten beherbergt.

In welch wunderbarer und bizarrer Welt die Kleinfische leben, wie ihr Dasein verläuft und der Nachwuchs gezeugt wird - ein Romanautor könnte es nicht spannender ersinnen.

DIE KLEINEN UND DIE UNSCHEINBAREN

ELRITZEN

Als Begleitfisch der Bachforelle kommen Elritzen (Phoxinus phoxinus) sogar in höchsten Gebirgsseen vor. Allerdings nicht in reißenden Gletscherbächen. Der kleine Fisch - maximal 14 Zentimeter - liebt es ruhiger, mag sauerstoffhaltige und kühle Gewässer, lebt gerne gesellig im Schwarm, der aus vielen hundert Tieren bestehen kann. Besonders in der Laichzeit kommt es zu tumultartigen Verdichtungen der Populationen, ganze Elritzenklumpen bewegen sich dann stromaufwärts oder sammeln sich im Flachwasser der Seen.

Phänomenal ist die Anpassungsfähigkeit der Elritze. Sofern Sauerstoffgehalt und pH-Wert stimmen, fühlt sie sich auch in Moortümpeln wohl. Selbst im Schärengürtel der Ostsee wurde sie gesichtet. Bei Gefahr verschwindet sie blitzartig in Schlupflöchern am kiesigen Grund oder bohrt sich zwischen die Algen. Bleibt zur Flucht keine Zeit mehr, verfällt sie in eine Art Starrkrampf und bleibt wie leblos liegen. Ihre Feinde, hauptsächlich Salmoniden und Äschen, lassen dann meist ab von ihr, weil sie auf Lebendnahrung programmiert sind.

Als Ernährung bevorzugt die Elritze kleine Bodentiere und Anflugnahrung, kann bei größerem Auftreten aber durch Laichraub in Forellengewässern den dort lebenden Edelfischen gefährlich werden. Normalerweise regelt sich das Miteinander von Elritzen und Forellen aber auf natürliche Weise.

Elritzen wachsen sehr langsam, werden

Oben: Groppen bevorzugen steinigen Untergrund. Rechts: Groppen sind Bodenfische, sie besitzen keine Schwimmblase. Kaum sieht man sie freischwimmend.

aber schon mit knapp zwei Jahren geschlechtsreif und produzieren trotz der geringen Körpergröße oft 1000 Eier pro Weibchen. Meist haften die Gelege an Steinen (Kies- oder Schotterlaicher), in Tümpeln und Weihern auch an Pflanzen. Wenig bekannt dürfte sein, daß Elritzen geometrische Figuren wie Ellipse und Kreis oder Quadrat und Rechteck voneinander unterscheiden können. Obwohl das nicht eindeutig geklärt ist, vermutet man, daß sie mit dieser Gabe bestimmte Verstecke im kiesigen Untergrund bei der Flucht vor Feinden auf Anhieb wiederfinden. Weshalb sie aber das für Menschen unsichtbare UV-Licht sehen können, bleibt ein Rätsel, zumal ab einen Meter Tiefe dieses Licht gar nicht mehr vorkommt. Ob sie damit in den oberen Wasserschichten bestimmte Beutetiere besser orten können?

Ganz oben: Ein gelungenes Gründlings-Portrait.
Oben: Überströmte Flachwasserzonen werden vom Gründling bevorzugt.

GROPPEN

Cottus gobio, die Mühlkoppe oder Groppe, lebt als typischer Grundfisch zwischen Steinen und Wurzelwerk, beobachtet mit den hochliegenden Augen jede Bewegung über sich. In den Alpen findet man Groppen noch in über 2000 Meter hoch gelegenen Seen und Gebirgsbächen.

Erst bei Anbruch der Dämmerung wird die Groppe aktiv. Das hat Gründe. Ginge sie am Tag auf Nahrungssuche, wäre sie eine leichte Beute für Forellen und andere Raubfische. So hat sie ihr Leben völlig der Dunkelheit angepaßt, frißt kleine Bodentiere wie Zuckmückenlarven und Krebstierchen, raubt aber auch den Laich anderer Fische.

Die Laichzeit von Cottus gobio schwankt je nach Wohngewässer zwischen Februar und Mai. Das klumpenförmige Gelege wird vom Männchen bewacht und betreut. Nach dem Ausschlüpfen ernähren sich die sechs bis sieben Millimeter langen Larven von einem runden Dottersack, der nach etwa zwei Wochen aufgezehrt ist. Die Jungfische ziehen sich zum Schutz oft sehr tief in das Lückensystem der Bachsedimente zurück. Manche graben und schlängeln sich bis auf über einen Meter Tiefe hinab, leben dort tage- und wochenlang, sind aufgrund ihres Ferntastsinns imstande, in dieser absoluten Finsternis Nahrung zu orten und aufzunehmen.

Groppen gehören zu den bedrohten Fischarten, die man bereits suchen muß. In vielen kleinen Flachlandbächen, Rinnsalen und Seen sind die Bestände bereits erloschen, der übrige Lebensraum ist akut bedroht. Ob der maximal 15 Zentimeter lange und schwimmblasenlose "Bodenhocker", wie er früher genannt wurde, überleben kann, hängt von vielen Faktoren ab. Im Hochgebirge sind seine Chancen gut, in den großen Flüssen wurde der keulenförmige Fisch aber durch die Schadstoffbelastung der Gewässer bis in die Oberläufe zurückgedrängt. Hierin zeigt sich, daß Groppen auf Veränderungen und Verschlechterungen ihres Lebensraumes sehr empfindlich reagieren.

DER GRÜNDLING

Nur in Ausnahmefällen wird er 20 Zentimeter lang, manchmal verwechselt man ihn bei flüchtiger Betrachtung mit einer Jungbarbe, seine mehr als zwölf Unterarten können selbst Experten kaum auseinanderhalten. Der Gründling (Gobio gobio) lebt als geselliger Bodenfisch vom Flachland bis hoch hinauf in die Forellenregion. Gegen Wasserverschmutzung scheint er weniger empfindlich zu sein als andere Kleinfische, denn man findet ihn selbst in stark bela-

Oben: Wo viel versunkenes Laub am Grund liegt, fühlen sich Gründlinge geborgen.
Links: Bewegungslos verharrte dieser Gründling, bis sich der Fotograf entfernte. Dann verschwand er blitzschnell in den Pflanzen.

steten und kanalisierten Flußstrecken. Als Futterfisch für Forellen wird er mancherorts in Fließgewässern und Seen eingesetzt.

In früheren Zeiten wurde der Gründling als Totengräber bezeichnet, da er mit Vorliebe Aas von verendeten Säugern frißt. Und weil man ihn auch schon dabei ertappte, daß er sich an ertrunkenen Menschen vergriff, blieb ihm die Aura des unheimlichen und grauenvollen Leichenschänders. Trotz dieser beklemmenden Tatsache gilt der Gobio - besonders in Frankreich - als ausgesprochene Delikatesse.

Das Farbkleid der Gründlinge unterscheidet sich oft von Gewässer zu Gewässer. Ob es sich hierbei um Übergänge, Unterarten oder nur um Farbvarietäten handelt, ist noch ungeklärt. Obwohl sich Gründlinge im Winter in tiefere Regionen zurückziehen, bleiben sie das ganze Jahr über aktiv. Hauptnahrung sind Insektenlarven und Würmer, sie stehlen aber auch den Laich anderer Fische.

Gründlingweibchen können zwischen

Mai und Juni bis zu 3000 Eier an Steinen und Pflanzen ablegen. Aufgrund der hohen Vermehrungsrate und einer stabilen Resistenz gegen Veränderungen seiner Wohngewässer gilt der Gründling als vorerst ungefährdeter Fisch.

Oben: Der stromlinienförmige Körper verrät: Lauben sind unglaublich gewandte Schwimmer.
Links: Portrait einer Laube.

DIE LAUBE

Häufig auch als Ukelei (Alburnus alburnus) bezeichnet, lebt die Laube sowohl in stehenden als auch fließenden Gewässern oft in großen Schwärmen. Ihr Verbreitungsgebiet erstreckt sich über fast ganz Europa. In Ufernähe kann man oft beobachten, daß sich Lauben um die eigene Achse drehen, der Grund hierfür ist aber unbekannt. Vielleicht ergattert der wieselflinke Fisch so einen Teil seiner Nahrung, die im Jungstadium aus Zooplankton und später aus Anflugnahrung, winzigen Wasserkäfern und Fliegenlarven besteht.
Noch im 19. Jahrhundert war die Laube (mittlere Länge 12 bis15 Zentimeter), einer der meistgefangenen Fische. Sie kam in solchen Massen vor, daß aus ihren Schuppen Perl-Essenz für die Herstellung künstlicher Perlen gewonnen wurde. Fünfzig Kilogramm Fische ergaben zwei Kilogramm Fischschuppen. In den Alpenländern galt die Laube als Wintervorratsfisch. Sie wurde in Salzwasser gekocht, getrocknet und in der kalten Jahreszeit zu Kartoffeln und Maisbrei gegessen.
In den großen Seen bilden Lauben noch heute die Grundnahrung für Hechte, Welse und Zander. Allzu dichten Pflanzenbewuchs und Trübheit liebt die Laube nicht, dafür steht sie oft zu Hunderten in Uferhöhlen und unter Schwingrasen-Decken. Mit der Fortpflanzung

***Oben:* Das winzige Moderlieschen ist ein besonders kniffliger Fall für den UW-Fotografen. Weil es so flink ist, gerät die Fotojagd rasch zur Strafaktion.**
***Rechts:* Bei günstigen Lichtverhältnissen schillern die Schuppen des Moderlieschens wie Edelsteine. Gut zu erkennen im Kopfbereich.**

nimmt sie es nicht so genau. Kreuzungen mit Rotaugen, Rotfedern und der Güster sind nicht selten. Alburnus kommt heute zwar nicht mehr in solcher Zahl wie vor hundert Jahren vor, doch scheint sich der Bestand zu stabilisieren. Gefährdungen sind derzeit nicht erkennbar.

DAS MODERLIESCHEN

Als winziger Fisch, nur neun bis zwölf Zentimeter lang und federleicht, kommt das Moderlieschen (Leucaspius delineatus) vorzugsweise in kleinen, schwach fließenden Gewässern vor, belebt in hell blinkenden Schwärmen die Oberflächen von Torfkuhlen, versumpften Gräben, Teichen und Moorlöchern.

Um das Moderlieschen ranken sich Geschichten und Legenden. Weil der unscheinbare Oberflächenfisch häufig in Regenwasserlachen die Menschen mit massenhaftem Auftreten überraschte, wurde ihm angedichtet, ohne Eltern zu

Ganz oben: Auf der Suche nach Flohkrebsen begibt sich die Schmerle auch schon mal ins höhere Kraut. Oben: Der Kleinfisch besitzt sieben Barteln, mit denen er seine Beute ertastet.

entstehen (der Name kommt von „Mutterloseken“). Vielerorts glaubte man, er falle mit dem Regen vom Himmel.

Moderlieschen haben jedoch eine ausgeprägte Brutpflege, weshalb die Eier kaum irgendwelchen Feinden zum Opfer fallen. Hieraus resultiert das rätselhafte Erscheinen Hunderter oder Tausender Jungfische. Die Eischnüre werden sorgfältig um Pflanzenstengel gewickelt und rund um die Uhr vom Männchen bewacht.

Probleme bereitet dem Moderlieschen der Rückgang von Klein- und Kleinstgewässern. So wird ihm ein Teil seiner Lebensgrundlage entzogen, denn große Seen oder Flüsse meidet der kleine Flitzer, wenngleich er sich bei Bedarf auch dort halten kann, sofern er eingesetzt wird. Gefahr droht Leucaspius ferner von eingeschleppten tropischen Arten wie dem Blaubandbärbling oder dem Keilfleckenbärbling. Diese dem Moderlieschen ähnlich sehenden Fische bedrohen einerseits seine Gelege, sind aber ihrerseits ebenfalls sehr erfolgreich im Fortpflanzen.

SCHMERLEN

Man nennt sie auch Bartgrundeln. Meist handelt es sich um kleine, langgestreckte Bodenfische von höchstens 15 Zentimetern. Ihr Maul ist je nach Art mit sechs bis zwölf Bartfäden bestückt. Schmerlen (Noemacheilus barbatulus) bewohnen meist klare Fließgewässer mit Stein- oder Sandgrund. Man findet sie aber auch im Uferbereich der großen Seen. Im Prinzip kommen Schmerlen von der Forellen- bis zur Barbenregion vor.

Wegen ihrer Laichräuberei haben Schmerlen zwar keinen guten Ruf, doch besteht die Hauptnahrung aus Kleinkrebsen und Insektenlarven. Auch dienen die Bartgrundeln wiederum vielen Salmoniden als Beutefische. Die hauptsächlich nachtaktive Schmerle geht im Ostseegebiet auch ins Brackwasser.

Verwandt mit der Schmerle ist der Schlammpeitzger (Misgurnus fossilis), ein zählebiger Bodenfisch, der es am liebsten schlammig mag. Durch eine besondere Atemtechnik, die über Gasaustausch im Darm dem Blut Sauerstoff zuführt, kann er in den schlimmsten Drecklöchern überleben. Nimmt der Sauerstoffgehalt des Wassers drastisch ab, steigt der Schlammpeitzger zur Oberfläche und schluckt einfach Luft. Nach passieren der Afteröffnung besitzt die Luft nur noch die Hälfte des ursprünglichen Sauerstoffgehalts. Der Schlammpeitzger hat auch die Gabe, sich bei Austrocknung seines Wohngewässers bis zu einem Jahr im Schlamm einzugraben und wie scheintot in eine Trockenstarre zu verfallen, so daß die Lebensfunktionen auf ein Minimum reduziert sind. Von den Schmerlenartigen wird Misgurnus am größten, bis 30 Zentimeter.

Wie alle Schmerlen bevorzugt auch der Schlammpeitzger die Nacht zur Nahrungssuche. Vor Gewittern steigt er eigenartigerweise häufig zur Oberfläche auf und zeigt sich auch am Tag abnormal lebhaft. Aufgrund dieser merkwürdigen Verhaltensweise nennt man ihn auch Gewitteranzeiger oder Wetterfisch.

Obwohl Schlammpeitzger zu den zähesten Fischen im Süßwasser gehören, ist ihre Art hochgradig gefährdet. Die dem Schlammpeitzger zukommenden Ge-

Oben: Der Schneider ist eine in ihrem Bestand gefährdete Fischart naturnaher Fließgewässer. Ihn aufzuspüren erfordert viel Geduld.
Links: Ein Schneider sucht Drift- und Anflugnahrung. Dazu bevorzugt er strömungsarme Stellen.

wässer wie krautreiche Gräben und kleine Wasserläufe werden häufig durch Verbauung und Kanalisierung, Verrohrung und Abwasser solch ungünstigen Einflüssen unterworfen, daß selbst ein Darmatmer wie Misgurnus nur wenig Chancen zum Überleben hat. Gute Bestände finden sich nur noch in den Altwassern entlang der großen Flüsse, wo Schlammpeitzger wegen ihrer Vorliebe für weiche Böden letzte Lebensräume gefunden haben.

Fast noch schlimmer ergeht es dem Steinbeißer (Cobitis taenia), einer Schmerlenart, die möglicherweise lokal vom Aussterben bedroht oder zumindest stark gefährdet ist.

Steinbeißer werden im Durchschnitt nur acht bis zehn Zentimeter lang und unterliegen häufig Verwechslungen mit anderen Schmerlen. Schwierig sind Steinbeißer-Bestimmungen durch die zahlreichen Unterarten, trotz eindeutiger Merkmale wie die sechs kurzen Barteln und der unter jedem Auge sitzende zweispitzige Dorn. Unbekannt ist, ob sich Schmerlen, Steinbeißer und Schlammpeitzger untereinander paaren und Bastardformen bilden.

Wegen der verborgenen Lebensweise - Steinbeißer graben sich am Tage in den weichen Untergrund ein - liegen kaum wissenschaftliche Erkenntnisse über Verbreitung, Paarung und Nahrungssuche vor. Man weiß aber, daß auch sie über die Technik der Darmatmung verfügen, sie aber wohl weniger nutzen, weil der Effekt geringer als beim Schlammpeitzger ausfällt.

Ruht der kleine Fisch auf seinen senkrecht abgespreizten Brustflossen, macht er einen molch- oder echsenartigen Eindruck, wird darum auch Eidechsenfisch genannt. Seine Nahrung sucht er überwiegend in der Nacht, wo er Bodensubstrat saugrüsselartig aufnimmt und die nichtverwertbaren Teile über die Kiemen wieder abgibt. Mit dieser Technik kann Cobitis sogar mikroskopisch kleine Lebewesen abfiltern. Die Laichzeit erstreckt sich von Mai bis Juni, wobei die Eier an Steinen und Wurzelwerk abgelegt werden.

DER SCHNEIDER

Gewöhnlich hört sein Längenwachstum bei 13 Zentimetern auf, über 16 Zentimeter gelangen auch Ausnahmeexemplare kaum hinaus. Der Schneider (Alburnus bipunctatus) ist wie die Laube ein Schwarmfisch, bevorzugt klare und schnellfließende Gewässer, dringt aber auch in Stauräume von Flüssen und in sauerstoffreiche Seen vor. Wegen seiner hohen Ansprüche an die Wasserqualität gehen die Bestände leider kontinuierlich zurück.

Verwechselt wird er häufig mit dem Strömer, mit der Laube wird er oft zusammen in einen sprachlichen Topf geworfen. Ein markantes Merkmal ist die „Schneidernaht", eine nach unten gebogene Seitenlinie aus zwei Reihen schwarzer Punkte. Rätsel gibt Alburnus nicht nur Anglern, Tauchern und Naturfreunden bei der Identifizierung auf, auch Wissenschaftler streiten sich noch über mögliche fünf Unterarten, die aber anscheinend sehr umstritten sind, wie Fischexperten immer wieder betonen.

Für den Nahrungserwerb bevorzugen Schneider Stellen mit strömungsarmer Oberfläche, wo sie Anflugnahrung und vorbei treibende Leckerbissen gut erbeuten können. Ansonsten wird auch sehr viel Bodennahrung aufgenommen. Bei heißem Wetter halten sich die Schneiderschwärme oft dicht unter der Oberfläche auf.

Oben: Stichlingsportrait. Hier ist das extrem oberständige Maul gut zu sehen. Mitte: Stichlingmännchen sind während der Laichzeit prächtig eingefärbt. Unten: Das Bild beweist: Lokale Rassen besitzen oft abweichende Farben.

Ein Stichlingweibchen. Nach der Eiablage macht es sich auf und davon. Das Männchen bewacht dann das Nest.

DER STICHLING

Unter den Süßwasserfischen ist der dreistachlige Stichling (Gasterosteus aculeatus) der einzige, der ein richtiges Nest baut. Über den wohl nach dem Bitterling bekanntesten und beliebtesten heimischen Aquarienfisch für Verhaltensforscher liegen zahllose Publikationen vor, die sich mit Nestbau und Brutpflege beschäftigen. Der kaum zehn Zentimeter lange Fisch wird außergewöhnlich aggressiv, wenn sich ein Fremdling dem Nest nähert. Auch erheblich größere Fische werden hartnäckig vertrieben.

Während der Laichzeit (März-Juli) färben sich die Männchen rötlich, manche leuchten und funkeln wie Rubine an Kopf und Bauch. Schon geraume Zeit vorher hat Gasterosteus aus Wasserpflanzen und Blättern ein rundes Nest mit Ausgang und Eingang gebaut, das er mit schleimigem Sekret verkleistert hat. Nun sucht sich der Baumeister eine Dame seines Herzens und führt sie zum Nest. Wenn sie nicht will, hilft der rabiate Liebhaber auch schon mal mit einigen kräftigen Stößen nach. Nach einem ritualisierten Balztanz kommt es zur Eiablage. Manches Stichlingsmännchen beglückt nacheinander mehrere Weibchen, bis genügend Eier im Nest liegen.

Durch das mit zwei Öffnungen versehene Nest strömt nun Wasser gleichmäßig hindurch, notfalls unterstützt das Männchen durch Wedeln mit den Brustflossen die Frischwasserzufuhr, um das Gelege mit dem nötigen Sauerstoff zu versorgen. Die Bewachung des Nestes ist auch eine Schutzmaßnahme gegen die kannibalisch veranlagten Weibchen, die immer wieder versuchen, ihre eigenen Eier zu fressen. Nach knapp zwei Wochen sind alle Jungen geschlüpft, bleiben aber anfangs noch unter Bewachung im Nest. Dann nach einigen Tagen kann der gestreßte Sichlingsvater die unruhigen Ausreißer nicht mehr halten, und diese schließen sich mit anderen Jungtieren zu oftmals riesigen Schwärmen zusammen. Manche Massenvorkommen sollen Hunderttausende von Einzelfischen enthalten (Bodensee).

Als Futterfische für Salmoniden, Aale und Quappen haben Stichlinge eine gewisse Bedeutung. Auch in Hechtmägen wurden sie, trotz der Stacheln, gefunden. Gasterosteus bildet viele stationäre Unterarten, Wanderformen und Kreuzungsprodukte. Mit am bekanntesten dürfte der neunstachlige Zwergstichling (Pungitius pungitius) sein, den man häufig in Nord- und Ostdeutschland vorfindet. Das nur fünf bis sieben Zentimeter lange Fischlein verschwindet bei Gefahr im Schlamm.

DER STRÖMER

Wie sein Name besagt, liebt der Strömer (Leuciscus souffia agassizi) schnellfließende Gewässer im Bereich der Äschenregion. Dort steht er häufig in

***Oben:* Der Strömer gehört zu den gefährdeten Fischarten. Teilweise sind nur noch Reliktvorkommen vorhanden. *Rechts:* Strömer sind geheimnisvolle Fische, über die man sehr wenig weiß.**

kleinen Gumpen und bildet Trupps von einigen Dutzend Tieren. Selten trifft man ihn in Seen, es sei denn, er wurde eingesetzt. Im Bodensee wurden nur Einzelexemplare gefunden.
Ähnlich wie die Äsche steigt der Strömer nach Anflugnahrung, sucht aber auch den Grund nach Freßbarem ab. Er gehört zu den wenig erforschten Süßwasserfischen, weil seine wirtschaftliche Bedeutung gering ist. Verschiedene Unterarten und seine eigenartige Verbreitung geben immer wieder Anlaß zu Spekulationen, denn in der Bundesrepublik wird er nur südlich des Mains nachgewiesen. Er kommt aber auch in Österreich und der Schweiz sowie Frankreich und Norditalien vor. Fischkundler bezeichnen ihn aus tiergeographischer Sicht als interessantes Objekt.
Leider gilt der Strömer als eine vom Aussterben bedrohte Fischart, die stellenweise in Mitteleuropa nur noch Restvorkommen aufweist. Grund dürfte eine Verschlechterung der Bedingungen in der Äschenregion sein, aber auch das ungezügelte Besetzen der Strömergewässer mit Regenbogenforellen, für die der Strömer mit seinen zehn bis zwölf Zentimetern (selten 15 Zentimeter und mehr) Länge ein idealer Futterfisch ist. Optisch gehört der Strömer zu den attraktivsten Bewohnern in unseren Gewässern.

EINWANDERER UND EXOTEN

Neben vielen bereits seit über 100 Jahren bei uns heimisch gewordenen Fischen, (Beispiel Karpfen und Regenbogenforelle), finden sich zunehmend auch echte Exoten und unerwünschte Fremdlinge in Seen und Flüssen. Ursache könnte die ausufernde Neigung zur Aquarienhaltung sein, aber auch Gartenteichbesitzer überschätzen oft das kleine, selbstgefertigte Gewässerchen hinter dem Haus. Wird es ihnen dort zu bunt oder zu voll, kippt man die überschüssigen Fische einfach in den nächsten See. Erlaubt ist das zwar nicht, aber wen schert das schon. Manchmal gelangen auch Zuchtfische durch Havarien in die Freiheit. So, wenn versehentlich ein Schieber am Teich nicht ganz geschlossen wurde oder Hochwasser einen Teil der „Ausländer" hinausschwemmt. Vermeiden lassen sich solche Pannen wohl nicht. Aber auch Angler sind am Treiben vieler Exoten in unseren Gewässern nicht ganz unbeteiligt. Oftmals werden exotische Köderfische als Raubfisch-Köder verwendet. Die können irgendwann entkommen oder werden nach dem Angeln aus dem Eimer in den See geschüttet. Daß auch dabei gegen einige Gesetze verstoßen wird, kümmert offenbar niemanden. Die unerwünschten Blaubandbärblinge sollen auf diese Weise in unsere Gewässer gelangt sein.

Absichtliches Einsetzen ist zwar nicht häufig, weil man oftmals die Folgen nicht abschätzen kann. Doch werden Besatzversuche mit nicht heimischen Fischen teils aus Gründen der Wirtschaftlichkeit (schnellwüchsiger Speisefisch) oder als biologische Hilfsmaßnahme (frißt wuchernde Wasserpflanzen) betrieben. Erst im Laufe von Jahren oder Jahrzehnten kann man aber genau sagen, ob der Besatz erfolgreich oder eine Pleite war. Viele Angler und Limnologen lehnen eine Verfälschung der heimischen Fischfauna rigoros ab. Ihnen geht es, was sicherlich der richtigere Weg sein dürfte, vordringlich um die Erhaltung der heimischen Rassen. Denn diese sind zum Teil akut bedroht. Aussterbende oder stark dezimierte Arten durch Ansiedelung fremder und vielleicht auch noch widerstandsfähigerer Fische zu ersetzen oder zu ergänzen, führt oftmals dazu, daß die Einwanderer den Einheimischen völlig den Garaus machen. Ob sich dieser Überfremdungsprozeß in unseren Gewässern allerdings stoppen läßt, muß bezweifelt werden. Die Grenzen innerhalb der Fischwelt werden immer durchlässiger durch Urlaubsreisen und Fischimporte für Liebhaber, und falsch verstandene Hege und Pflege lebensarmer Gewässer durch illegalen Zierfischbesatz kann zu unkontrollierbaren Entwicklungen führen.

DER AMUR

Wann der Weiße Amur (Ctenopharyngodon idella) nach Europa gelangte, läßt sich nicht mehr genau feststellen. Seit

Oben: Der massige Schädel eines Amurkarpfens. Große Exemplare sind in der Lage, ganze Schilfgürtel wegzufressen. Rechts: Amur oder Graskarpfen wird dieser dem Döbel ähnliche Fisch genannt. Gibt es zuviele im See, leidet die Flora.

über 30 Jahren findet man die aus dem Stromgebiet des Amur (Ostasien) stammenden Grasfische in Seen, Teichen und Nebenarmen von großen Flüssen. Äußerlich ähnelt er zumindest in der Jugend stark dem Döbel, ernährt sich aber vorwiegend von Wasserpflanzen. Das war auch der eigentliche Grund für seine absichtliche Verpflanzung in stark verkrautete Seen und von der Wasserpest bedrohte Turbinenansaugschächte an Kraftwerken. Tatsächlich entwickelt der Amur einen ungeheueren vegetarischen Appetit auf Unterwasserpflanzen und Fadenalgen. Die Kehrseite der Medaille ist aber, daß er kleine Gewässer bis auf kümmerliche Pflanzenreste kahlfrißt und so den heimischen Arten Brutstätten, Schutz und Jagdrevier nimmt. In manchen Seen hat er die aus Schilf bestehenden Schutzgürtel derart niedergemacht, daß man ihn ohne Schonmaße und Schonzeit für den Angelsport freigeben mußte.
Amure zu fangen, ist aber nicht einfach. Auf Grasbüschel sprechen sie an, Maiskörner mögen sie besonders gern, in Ausnahmefällen beißt auch mal einer auf einen kleinen Köderfisch. Wo Amure leben, wird das Wasser fast im-

Oben: Die Blaubandbarbe ist fotogen, aber möglicherweise auch gefährlich: Denn sie verdrängt einheimische Fischarten, zum Beispiel das Moderlieschen.

mer trüber als es vorher war, denn nur 15 bis 30 Prozent der aufgenommenen Pflanzennahrung werden in körpereigene Substanzen umgewandelt. Der Rest verläßt den Darm als unerwünschtes phosphor- und stickstoffreiches Düngemittel zur neuerlichen Algenbildung. In Teichwirtschaften füttert man die Amure übrigens mit frisch gemähtem Gras.
In Sportfischer-Kreisen hat sich der Amur als kampfstarker und schlauer Gegner längst einen Namen gemacht. Die in Extremfällen 130 Zentimeter langen und einen Zentner schweren Muskelprotze pflügen wie Dampfwalzen durch den See. Natürliche Feinde kennen solche Gigantennämlich nicht mehr. Strittig ist, ob sich der Weiße Amur bei uns auf natürliche Weise fortpflanzen kann. Mindestens 22 bis 24° C muß die Wassertemperatur betragen, was in einigen Seen im Flachwasserbereich aber immer wieder erreicht wird. Jungfische, die nachweislich niemand

Links: Blaubandbarben verfälschen die Fauna heimischer Gewässer. Rechts: Mit ihrem spitzen Maul reißt die Blaubandbarbe einheimischen Friedfischen Schuppen aus der Haut.

eingesetzt hat, wurden in einigen Gewässern der Rheinebene und in Österreich bereits gesichtet. Ließe sich die natürliche Fortpflanzung (eventuell durch Anpassung an unsere kälteren Gewässer möglich geworden) bestätigen, wäre aus dem Einwanderer ein Eingebürgerter geworden.

DER BLAUBAND-BÄRBLING

Zu den noch unbekannten Eindringlingen in heimische Gewässer gehört der Blaubandbärbling. Vermutungen gehen dahin, daß die ersten Exemplare in den 70er Jahren bewußt oder unabsichtlich in unsere Seen eingesetzt wurden. Seit Anfang der 80er Jahre wird regelmäßig beobachtet, daß sich der aus Asien stammende Kleinfisch erfolgreich bei uns fortpflanzt. In flachen, nährstoffreichen Karpfengewässern scheint er sich besonders gut akklimatisiert zu haben.

Lange Zeit schien unklar, wie groß Blaubandbärblinge hier in Mitteleuropa werden können. Doch soll sich die Größe ausgewachsener Fische bei erstaunlichen 12 bis15 Zentimetern eingependelt haben, wie Sportfischer berichteten.

Unklar scheint zu sein, ob der äußerlich bläulich schimmernde Kleinfisch eher schädlich oder nützlich ist. Angler bevorzugen ihn jedenfalls als hervorragenden Köderfisch, Unterwasserfotografen lieben sein edel gefärbtes Schuppenkleid. Sicher ist, daß Blaubandbärblinge, wenn sie in Massen auftreten, als Laichräuber wertvollen Zucht- und Speisefischen gefährlich werden können. Außerdem reißen sie mit ihrem spitzen Maul anderen Fischen Schuppen aus der Haut.

Nach eigenen Beobachtungen dienen Blaubandbärblinge aber vielen Barschen, kleinen Hechten und auch Jungzandern als willkommene Speisezettelergänzung. Vermutlich hat sich der Blaubandbärbling bereits eine Öko-Nische ausgesucht, in der er ähnlich wie der Sonnenbarsch vom Einwanderer zum Dauergast geworden ist.

Oben: Ein Koboldkärpfling. Bisher wurde dieser Fisch nur in Süddeutschland beobachtet. Ob er sich eingewöhnen kann, ist ungewiß.
Links: So klein er ist, so zählebig ist der Koboldkärpfling auch.

GAMBUSEN

Hinter diesem Oberbegriff versteckt sich die Art der Zahnkarpfen. Kleine, unscheinbare Fischchen, die selten länger als fünf bis sechs Zentimeter werden und in tropischen und subtropischen Gewässern weit verbreitet sind. Weil als Aquarienfische beliebt, gelangten sie mittlerweile über diesen Umweg auch in die warmen Gewässer der südlichen Rheinebene. Ein nicht häufiger, aber bereits gelegentlicher Gast ist der Koboldkärpfling (Gambusia affinis). Einst wurde er aus den Südstaaten der USA zur Bekämpfung der Moskitobrut der Malariafliegen (Anopheles) in die Sumpfgebiete Spaniens, Italiens und Südfrankreichs eingesetzt. Auch auf dem Balkan ist er mittlerweile weit verbreitet.
Koboldkärpflinge sind extrem zählebig,

Oben: Wegen ihrer Farbe sind Sonnenbarsche für Jäger schwierig zu orten. Deshalb schwimmen sie auch ungeniert ins Freiwasser.
Rechts: Schuppenornament eines Sonnenbarsches, Farben wie ein Regenbogen.

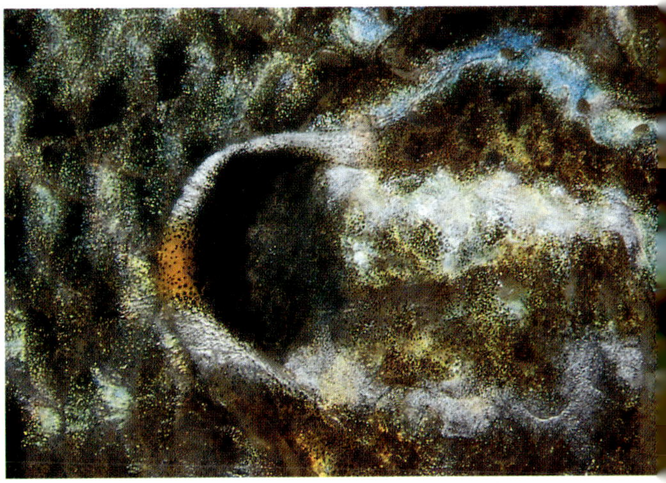

widerstandsfähig gegen Witterungseinflüsse und mit bis zu fünf Geburten (lebendgebärend!) im Jahr gegen die Unwägbarkeiten der Jungfischgefährdung bestens gerüstet. Selbst wenn die Männchen nicht immer verfügbar sind, beeinträchtigt das in keiner Weise die Vermehrung der Gambusen. Die Spermien der Männchen können nämlich in den Eileitern der Weibchen über Wochen und Monate aufbewahrt werden, so daß weitere Befruchtungen und Geburten auch ohne erneute Begattung erfolgen können.
Noch ist nicht abzusehen, wie weit die Gambusen nach Norden vordringen werden. Mit ihrer Anpassungsfähigkeit an widrige Bedingungen wie Temperaturschwankungen, geringen Sauerstoffgehalt und mit der Fähigkeit einzelner Arten lebendzugebären, sind sie für Eroberungsfeldzüge in für sie geeignete Gewässer bestens gerüstet. Ob sie sich auch an den Laich einheimischer Fische heranmachen, konnte bis jetzt nicht geklärt werden.

DER SONNENBARSCH

Schon 1887 wurde er aus Nordamerika eingeführt und hat sich seitdem ohne Zutun des Menschen über ganz Mittel- und Südeuropa verbreitet. Heute gelangt der Sonnenbarsch (Lepomis gibbosus) manchmal über Besatzmaßnahmen in die Gewässer, häufig aber kippen ihn auch Aquarianer in den nächsten Bach oder Weiher, weil er im heimischen Gartenteich oder im Aquarium zu dominant geworden ist. Hat er sich erstmal in einem Gewässer eingelebt und breitgemacht, kann man ihn von dort kaum mehr entfernen. Auch in typischen Hechtrevieren überlebt er recht erfolgreich.

Rein äußerlich zählt er zu den schönsten Fischen unserer Heimat, denn ein Exot oder Fremder ist er nur noch der Statistik nach, ebenso wie die Regenbogenforelle oder der Bachsaibling.
Überhand nimmt er schnell in kleinen Baggerseen ohne Raubfischbestand. Dort wandelt sich der bunte Fremdling zum Teufel in Fischgestalt, der alles verfolgt, attackiert und frißt, was kleiner und schwächer ist.
Seine Gabe, das Äußere des Schuppenkleides (blaß oder intensiv gefärbt) der Umgebung und den Lichtverhältnissen anzupassen, macht ihn sowohl als Räuber wie auch als Beutetier nahezu unsichtbar, wenn er sich still verhält. Obwohl er bei uns nur 15 Zentimeter lang wird, gilt er unter Kennern als Delikatesse, wenn auch als grätenreiche. Unter Sportfischern hat er allerdings keinen guten Namen. Nicht nur, daß er sich mit Wonne über den Laich geschätzter Edelfische hermacht - er nervt die Petrijünger auch mit dem Klau von Würmern an der Angel, ohne selbst an den Haken zu gehen.
Im Laufe der letzten 100 Jahre konnte sich der Sonnenbarsch zwar weit verbreiten, doch kann man heute klar sagen, daß durch ihn keine andere Fischart verdrängt wurde. Eher scheint es so zu sein, wie eigene Beobachtungen bestätigen, daß der bunte Einwanderer wohl in manchen Gewässern relativ stabile Populationen bildet, anderswo aber durch die heimische Konkurrenz (Flußbarsch, Hecht, Zander, Waller) im Bestand klein gehalten wird.

Linke Seite, großes Foto: Ein Bild wie ein Gemälde: Sonnenbarsch vor Herbstblatt.
Oben: Farbenprächtig und von bizarrer Schönheit, aber gefährlich. Gnadenlos attakiert der Sonnenbarsch kleinere Fische.
Links: So schön Sonnenbarsche aussehen, ihr Ruf als Laichräuber ist sprichwörtlich. Hier hat sich einer mitten im Laich eines Flußbarsches zur Freßorgie niedergelassen.

Linke Seite: Der will erst noch ein richtiger Tolstolob werden... Links: Algen und Schwebstoffe zieht der Tolstolob in sein riesiges Maul und filtert so das Wasser.

DER TOLSTOLOB

Die ursprüngliche Heimat des Tolstolob (Hypophthalmichthys molitix) liegt in Ostasien, vorzugsweise in den chinesischen Flüssen Jangtsekiang und Hoangho. Er wurde fast gleichzeitig mit dem Weißen Amur in den 60er Jahren eingeführt, um sehr trübe Gewässer biologisch zu reinigen oder die Hypertrophierung von vornherein zu verhindern - der Tolstolob ist nämlich trotz seiner respektablen Größe ein Planktonfresser.

Vielleicht lagen die Gründe für seine Einbürgerung auch darin, daß die heimischen Gewässer durch einen interessanten Speisefisch bereichert werden sollten. Einfach ist er allerdings nicht zu fangen, wenn er erstmals in Freiheit gelangt ist. Die Nahrungsgrundlage des Tolstolob bilden winzige Planktonlebewesen, die er mit Hilfe eines Kiemenreusenapparates bis zur Größe von wenigen Tausendstel Millimetern herausfiltern kann. Wer sich vom Tolstolob-Besatz auch eine Verringerung der Schwebalgen in seinem Gewässer erhofft, wird unter Umständen enttäuscht, denn der Fisch bevorzugt spezielle Algen. Manche verschmäht er, weil sie giftig für ihn sind - wie die Blaualge (Aphanizomeron flos aquae).

Der dunkel marmorierte Planktonvertilger mit den winzigen Schuppen und den großen Kiemenbögen kann beachtliche Größen erreichen. Der schnellwüchsige Tolstolob wiegt im Durchschnitt nach sieben Jahren bereits 25 Kilo. Erreicht er sein geschätztes Höchstalter von rund 40 Jahren, ist aus ihm ein U-Boot von annähernd 70 Kilo Lebendgewicht geworden. Ein Fisch wie ein Schlachtschiff.

Weil der Tolstolob mindestens 25° C Wassertemperatur zum Ablaichen benötigt, kann man davon ausgehen, daß eine natürliche Vermehrung bei uns, wenn nicht gar unmöglich, so doch sehr selten sein dürfte. Der Asiate mit dem weit zu öffnenden Maul (wie eine Plankton-Pipeline) gilt als äußerst zäher Fisch, dem kurzfristiger Sauerstoffentzug wenig auszumachen scheint. Je wärmer das Wasser, desto wohler fühlen sich die Asiaten. Hat es an der Oberfläche 25 bis 28° C, sonnen sie sich mit Begeisterung, verschwinden aber bei der geringsten Störung sofort in der Tiefe oder zwischen den Wasserpflanzen.

Der Fang des planktonfressenden Tolstolob ist, sofern keine Netze oder Reusen verwendet werden, eine Angelegenheit von Spezialisten. Popcorn, Brotstückchen und mit Vanille angereicherte Futterwolken locken die Nahrungsspezialisten an den Angelplatz, wo sie mit weit geöffnetem Maul durchs Wasser ziehen und auch mal einen Köder mit Haken schlucken. Der Köder wird jedoch vom Fisch, wenn er den Irrtum erkannt hat, oft so schnell wieder ausgespuckt, daß der Petrijünger meistens verzweifelt und seine Gerätschaften wieder einpackt.

Nicht viel anders ergeht es tauchenden Fotografen. Kaum ein Fisch gibt sich scheuer, mißtrauischer und distanzierter als der Tolstolob. Immer schwimmt er genau in solch einem Abstand vor der Kamera, daß fast kein Bild möglich ist. Als ob er es wüßte.

Farbvarietäten, Goldformen und Züchtungen

Unter den heimischen Süßwasserfischen finden sich immer wieder welche, die nicht in das Schema der meist einheitlich gefärbten Vertreter einer Art passen. Häufig handelt es sich entweder um natürliche Kreuzungen (Bastarde, Hybriden), um Goldformen, denen nur die schwarzen Hautfarbstoffe fehlen, oder um Albinos, die überhaupt keine Farbpigmente besitzen. Es können auch ausgesetzte Zierfische wie Kois, Shubunkin und Goldfische, oder aber andere Züchtungen für Garten- und Schloßteiche sein, die auf irgendeine Weise in die Freiheit gelangt sind.

Linke Seite: So weit ins Freiwasser darf sich die Goldschleie nicht wagen, will sie überleben! Oben: Goldschleien sind Farbvarietäten der echten Schleie. Sie werden hauptsächlich in Teichen gehalten.

GOLDSCHLEIEN

Von den graugrünen Schleien heben sich die Goldschleien ab wie Rosen von Brennesseln. Einerseits werden sie für Zierteiche gezüchtet, andererseits kommen Goldformen auch auf natürliche Art zustande. Goldschleien besitzen ein zartrosa Maul, die gesamte Körperoberfläche ist goldgelb oder gelborange eingefärbt, die Flossen sind weißlich mit zarten Rottönen, das Auge ist tiefschwarz. Ein Fisch wie aus einer anderen Welt, wenn er in grünen Schleimalgen liegt oder durch das Pflanzengewirr am Grund schwimmt.

Grundsätzlich können Goldschleien so groß wie ihre unscheinbaren Geschwister werden, auch geschmacklich gibt es keine Unterschiede. Doch wird die goldene Tinca tinca nur selten auf dem Teller eines Gourmets landen, denn der Mensch ißt — außer in Krisenzeiten — aus psychologischen Gründen nicht gerne Zierfische.

Dafür kennen die Raubfische in dieser Hinsicht überhaupt keine Hemmungen. Für gewöhnlich sorgen sie dafür, daß goldfarbene Schleien nicht lange überleben: Die auffällige Färbung macht es der Schleie schwer, den scharfen Hechtaugen zu entgehen. Selbst im dichtesten Krautdschungel leuchtet sie noch wie ein blankgeputztes Goldstück...

GOLDORFEN

Eine Farbvarietät des Aland, die häufig in Gartenteichen gehalten wird. Auf begrenztem Raum bleiben Goldorfen manchmal klein wie Elritzen, in großen Gewässern trifft man aber auf 30 bis 40 Zentimeter große Exemplare. Die Farbe der Orfen schwankt zwischen hellrot, gelbrot und starkem Rosa. Vermutlich sind Erbfaktoren an den Farbvarietäten beteiligt. In großem Stil werden Goldorfen als Zierfische gezüchtet und verkauft. In Freiheit können sie eigene Formen bilden, sind ebenso fortpflanzungsfähig wie ihre Stammeltern, die Alande.

Links, großes Foto: *Schnappschuß besonderer Art. Eine kleine Goldschleie stiehlt sich aus den Grünalgen davon.*
Links: *Einer der schönsten Zierfische, die Goldschleie. Nur große Exemplare haben in freier Wildbahn Überlebenschancen.*
Rechte Seite: *Da ist es schon passiert: Ein Hecht hat sich die Goldschleie geschnappt - bald ist nur noch die Schwanzflosse zu sehen. Goldene oder gelbe Färbung hat in heimischen Gewässern eine regelrechte Signalwirkung auf Räuber.*

Oben: Goldorfen sind die Abkömmlinge des Alands. Die flinken und hektisch schwimmenden Gesellen bekommt man fast nur in der Nacht vor die Linse.
Mitte: Wie die Farbvarietät „Goldplötze" entsteht, ist noch mysteriös. Es soll angeblich sogar Schwärme davon geben.
Unten: Sogenannte „Goldplötzen" sind eigentlich Farbvarietäten der Rotfedern.

„GOLDPLÖTZEN"

Wie diese entstehen, scheint noch nicht ganz klar zu sein. Züchtungen sind es jedenfalls nicht. Man vermutet, daß Inzucht, zufällige Vereinigungen geeigneter Tiere und eventuell auch Bastardisierungen die Ursache sein können. Aus der Rotfeder (nicht aus der Plötze!) wird durch diese Farbveränderung einer der herrlichsten Fische unserer Heimat. Das ehemals weiße Schuppenkleid bekommt einen goldenen Ton, der Kopf färbt sich stellenweise orangegelb, die Flossen

werden dunkelrot, teilweise mit hellen Streifen.

Wenn sich „Goldplötzen" mit anderen Weißfischen paaren, können daraus wieder normal aussehende Fische werden. Paarungen von „Goldplötzen" untereinander - was allerdings sehr selten vorkommen wird, denn diese Farbvarietäten sind nicht häufig - können gleichartigen Nachwuchs zeugen.

GOLDKOPF-KARAUSCHEN

Für Züchtungen eignen sich Karauschen wegen ihrer Robustheit besonders gut. Goldkopfkarauschen besitzen den typischen Karauschenkörper, sind ebenso zäh und robust wie ihre unscheinbaren Verwandten, ähneln aber äußerlich einem etwas farblosen Goldfisch. Der leicht gelbliche Kopf ist scheckig gemustert, die Schuppen können zwischen Gelbweiß und starkem Ocker differieren. Manche Goldkopfkarauschen sind auch über und über mit dunklen Flecken bedeckt.

Züchter verkaufen Goldkopfkarauschen an Gartenteichbesitzer, man besetzt mit ihnen die Gewässer von Parkanlagen, manche Fischer bereichern damit auch ihren Angelsee.

Oben: Ausgesetzte Goldfische haben nur Überlebenschancen, wenn wenige Raubfische im Gewässer leben. Dieses Exemplar muß allerdings schon Kontakte mit Freßfeinden gehabt haben: Die lädierte Rückenflosse und Schuppenabschürfungen an der Seite deuten darauf hin.
Mitte: Goldkopfkarauschen sind Zuchtformen der echten Karausche. Durch Aussetzen haben sie sich in vielen Seen etabliert.
Unten: Experimentierfisch vieler Züchter ist die Karausche. Hier der Typ „Neonkarausche".

GOLDFISCHE

Ursprünglich stammen Goldfische aus China, wo sie schon während der Ming-Dynastie (um 1644) zum Haustier hochstilisiert wurden. An keinem Fisch der Welt hat der Mensch sich züchterisch so ausgetobt und experimentiert wie am Goldfisch.

Urvater aller Goldfische ist der Giebel, einer der zähesten Fische im Süßwasser. Trotz Jahrtausende alter Zuchttradition, in denen geradezu märchenhafte Formen wie Schleierschwänze, Teleskopfische, Löwenfische, Eierfische, Blasenaugen, Himmelsgucker und andere Formen entstanden, zeigt der Goldfisch bis heute keine Degenerierungserscheinungen. Er ist zäh, langlebig (über 30 Jahre), verträgt kaltes und warmes Wasser, kann in jedem Teich (Mindesttiefe 80 Zentimeter) den strengsten Winter überleben, fühlt sich im engen Goldfischglas bei entsprechendem Futter wohl und bildet auch in Freiheit eigene Populationen, sofern der Raubfischbestand nicht allzu groß ist. Interessante Besonderheit: Er kann das für Menschen

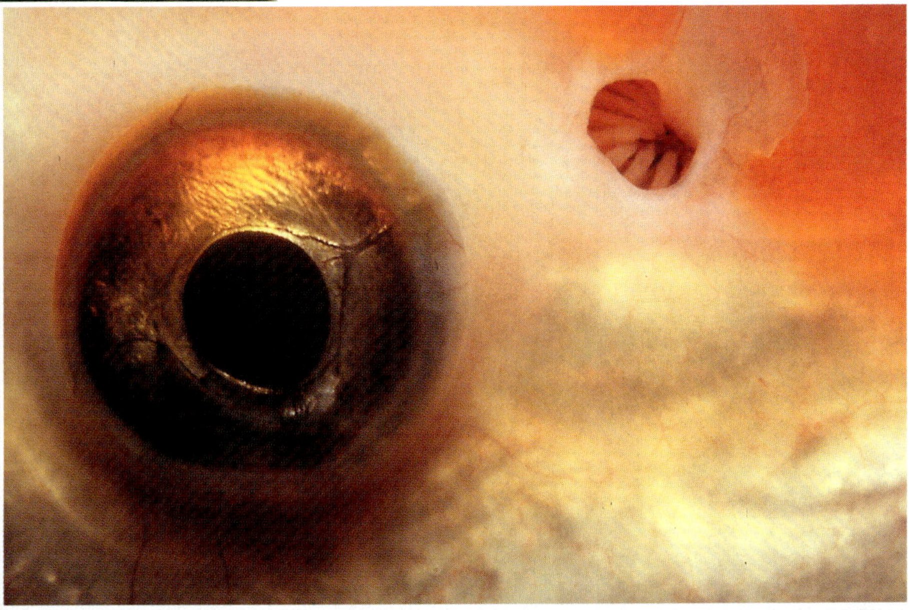

unsichtbare Infrarot ganz normal sehen. In Japan konnten ideenreiche Züchter sogar Fische mit Schriftzeichen erschaffen. Bei einer Art, dem Perlengoldfisch, besteht die Haut aus sogenannten perlartigen Schuppen. Verliert der Fisch aber eine Perle, so wächst an dieser Stelle nur eine gewöhnliche Schuppe nach.

Verloren ging das Wissen um die „Sleeper" - Goldfische, die den Tag schlafend am Grund der Teiche verbrachten und nur selten zum Schwimmen zu bewegen waren. Ihre Art starb unglücklicherweise aus. Seit 200 Jahren versuchen die besten Goldfischzüchter der Welt, diese einmaligen Fische neu zu erschaffen, es ist niemandem mehr gelungen.

Goldfische sind, weil sie vorwiegend auch in Zimmeraquarien gehalten werden, die einzigen Fische, die vom Menschen domestiziert wurden. Doch von Hund und Katze unterscheiden sie sich grundsätzlich in einem Punkt: Goldfische können niemals ihren Betreuer als Bezugsperson erkennen, auch wenn sie von diesem jahrzehntelang gefüttert wurden. Der Nachwuchs der Goldfische kommt ohne die farbigen Schuppen zur Welt. Erst innerhalb von ein bis zwei Jahren bilden sich die exotischen Farben. In kleinen Teichen, Aquarien oder Gläsern werden sie, wenn keine Versteckmöglichkeiten bestehen, von ihren Eltern gefressen. Die bunten Kannibalen sind alles andere als friedlich. Beim Hochzeitsritual und im Kampf um die Weibchen kann es schon mal Verletzte und Tote geben.

Linke Seite: Wird das Wohnzimmer-Aquarium zu klein, setzen manche Zierfisch-Liebhaber die Goldfische einfach im nächsten Teich aus.
Oben: Wie ein Edelstein - Auge eines Kois.
Unten: Koikarpfen gehören zu den teuersten Fischen der Welt. Ausgesetzte Exemplare werden wie normale Karpfen über einen Meter lang und 30 Kilogramm schwer.

Oben: Ein Shubunkin. Er lebte wochenlang in einem kleinen Waldsee. Dann wurde er das Opfer eines Barsches.
Rechts: Unter Koikarpfen finden sich absonderliche und bizarre Farbvertreter.

KOIS

Unter den Karpfenfischen gibt es so viele exotische Züchtungen, Formen und Arten, daß sich nur noch Fachleute auskennen.
Koikarpfen stammen ebenfalls aus dem fernen Osten (China, Japan) und werden dort in allen Farben gezüchtet. Gelbgefleckte, Rote mit weißen Mustern, Weiße mit schwarzen Punkten, andere sehen aus wie Graffiti-Gemälde. Kois sind keine Goldfische, obwohl sie mit diesen häufig verwechselt werden. In Form und Größe ähneln sie eher kleinen Wildkarpfen, haben aber nicht deren ausgeprägte Schuppenformen.
Vornehmlich schwimmen Kois in Zuchtanlagen, Parkteichen und in Kleingartentümpeln umher. In vielen Kiesgruben und Altarmen haben sich aber auch eigene Bestände gebildet, die sich jedoch

farblich nach mehreren Generationen ihrer Umgebung anpassen und nicht mehr die extrem auffälligen Muster und Farben besitzen.

Große Kois kosten ein Vermögen. In Japan werden ausgesuchte Exemplare wie Rennpferde gehandelt - für Normalverdiener absolut unerschwinglich. Lebensdauer, Robustheit und Anspruchslosigkeit haben die Kois von den Wildkarpfen übernommen. In raubfischlosen Seen können sie problemlos überleben. Ab einer bestimmten Größe müssen sie auch Hechte und Zander nicht mehr fürchten. Man sagt, daß ein gut gepflegter und gehegter Koi 100 Jahre alt werden kann, also älter als seine wilden Verwandten, die Karpfen.

Mit den Kois verwandt, jedenfalls äußerlich, sind die Shubunkin. Vielleicht die schönsten Zierfische aus der asiatischen Zucht. Manche von ihnen sind so leuchtend rot, daß man meint, der Fisch trüge eine Laterne im Innern mit sich. Trifft man einen verwilderten Shubunkin im grünen Wasser eines heimischen Gewässers, kommt es einem vor, als läge ein Rubin auf grauem Asphalt.

ALBINOS

Wie bei Säugetieren kommt es auch bei Fischen vor, daß Individuen ohne ausreichende Farbpigmente geboren werden. Sie sind dann weiß, geradezu kalkig, mit oftmals roten Augen. Diese Laune der Natur kann alle Fische tref-

Oben: Auch unter Barben gibt es weiße Exemplare mit zart-rosa Flossen. Albinobarben scheinen keine Existenznöte zu kennen, denn der Autor hat sie schon öfter gesehen. Unten: Schneeweißer Körper und ein blutrotes Auge, ein Albino-Tolstolob wie aus dem Bilderbuch.

fen. Unter den traditionell braunen, grünen und silbergrauen Süßwasserfischen fällt ein solches Exemplar natürlich besonders auf. Seine Überlebenschancen sind deshalb in jungen Jahren nicht besonders groß, wie das im übrigen bei allen Farbvarietäten der Fall ist.
Albinos gibt es auch bei Aalen (aber selten), Hechten, Barben und Karpfen. Persönlich hat mich am meisten ein Albino-Amur beeindruckt. Der fast schneeweiße Fisch hatte weinrote Augen und lag in einem Algenbett. Amur-Karpfen fressen normalerweise alle Pflanzen im See. Die Albinos verschmähen hingegen Seerosen. Weshalb, weiß niemand.
In einem Bergsee entdeckte ich eine Albino-Groppe. Die einzige, die meiner Kenntnis nach jemals beobachtet wurde. Ob sie auf dem grünbraunen Untergrund überlebt hat?
Eine Art Albino-Hecht begegnete mir in einem Auwaldsee. Man weiß, daß Hechte über Farbrezeptoren in der Haut ihr Schuppenkleid der Umgebung anpassen können. In Moorseen findet man sogar fast schwarze Exemplare. Dieser Albino hatte aber keinen Grund, sein Äußeres anzupassen, denn das Wasser war grasgrün. Schon von weitem fiel er mir auf wie der buchstäblich "bunte Hund".
Zu den Beobachtungs-Raritäten in meinem Taucherleben zählt auch eine Albino-Schleie, deren Tarnung nahezu perfekt war. Sie lag unbeweglich auf hellem Schlamm, wie ein Stück Plastik. Als sie sich durch mich bedroht glaubte, verkroch sie sich unter einen Ast, legte sich auf die Seite und spielte den toten Fisch. Vielleicht wissen Albinos, daß sie sich anders schützen müssen als normal gefärbte Fische?

Oben: Albino-Karauschen gehören sicherlich zu den Raritäten im Reich der Fische. Oben, rechts: Extrem selten: Eine Albino-Schleie. Mitte: Eine Albino-Groppe - das ist eine Rarität. Unten: Fotoknaller! Albino-Amur in einem Baggersee.

TÄUSCHUNG UND TARNUNG

Wer überleben will, sei es als Jäger oder Gejagter, muß den Gegner täuschen und sich selbst tarnen. Sich so zu geben, daß der andere meint, er hätte ein Blatt, einen Ast, ein Stück Holz oder einen Stein vor sich, ist die eigentliche Zauberformel fürs Überleben. Das Nachahmen bestimmter Formen, das Annehmen von Färbungen und das Anlegen von Schutztrachten wird „Mimikry" genannt.

Unbeweglich steht der Hecht im Kraut, lauert so fast unsichtbar auf vorbeiziehende Beutefische. Manchmal liegt er auch Stunden unbeweglich in den Bodenpflanzen. Grundfische auf der Nahrungssuche fallen ihm so zum Opfer. Wäre der Hecht kein Lauerräuber, sondern würde ruhelos umherziehen - sein Jagderfolg ließe sehr zu wünschen übrig, denn sein muskelbepackter, stromlinienförmiger Körper ist nur für kurze, kraftvolle Sprints geeignet. Da er in erster Linie ein „Augentier" ist, tarnt er sich immer so, daß er eine größere Wasserfläche beobachten kann. Allzeit bereit zuzustoßen.

Ein anderes Verhalten legt der Zander an den Tag. Im Jungfischstadium schwimmt er als blinder Passagier zwischen Flußbarschen und Rotaugen einher, die ihn nicht fürchten, weil er nicht größer ist als sie selbst. Im Schutze die-

Rechte Seite: Lauerräuber wie der Hecht können oft nur erfolgreich bestehen, wenn ihr Einstand perfekt ist.
Oben: Wehe dem Gründling oder der Schleie, die hier auf Nahrungssuche gehen. Keine Bewegung entgeht diesem Killerauge.

ser Schwärme erbeutet er dann kleine Fische. Zander sind insgesamt viel ruheloser als Hechte. Was junge Zander in einer Stunde umherschwimmen, macht ein Hecht nicht mal in einer Woche. Ältere Zander stehen häufig im Freiwasser oder zwischen Seerosenstengeln, liegen aber auch je nach Gewässerbeschaffenheit absolut bewegungslos im Schlamm oder auf Kiesflächen. Dabei nehmen Zander, ähnlich wie Hechte, die Farbe ihrer Umgebung an. Schlammzander sind braun, Kieszander besitzen Flecken, die in sommertrüben Seen im Freiwasser stehenden Stachelritter wirken fast weißlich, sind im fahlen Licht der einfallenden Sonne kaum zu entdecken.

Oben, links: Perfekte farbliche Tarnung eines Hechtes. Wenn er sich nicht bewegt, schwimmt die Beute bis vor sein Maul.
Links: Jungzander rauben vorzugsweise in der Uferzone, um nicht selbst zur Beute größerer Artgenossen zu werden.
Rechts, oben: Bewegungslos lauert der Hecht über dem Pflanzenwald, farblich mit seiner Umgebung total verschmolzen.
Rechts: Nur die Schwanzflosse verrät den Hecht. In dieser Stellung lauert er auf Grundfische.

IM SCHATTEN DER GROSSEN

Kleine Raubfische, seien es Hechte, Zander oder Waller, müssen auch vor ihren eigenen Verwandten auf der Hut sein. Niemals steht ein Minihecht im Freiwasser. Das wäre tödlich für ihn. Schon ein mittelgroßer Döbel würde ihn bei erstbester Gelegenheit fressen. Ähnlich erginge es kleinen Zandern und Babywelsen. Freiwasser bedeutet für alle kleinen Fische Lebensgefahr. Zerklüftete Uferzonen, dichter Pflanzenbewuchs oder feiner Schlamm, in den man sich eingraben kann (Welse machen das gern!), bedeuten Sicherheit und gute Überlebenschancen. Wer diese Regeln mißachtet, wird nicht alt, sei es als Fried- oder Raubfisch.

TARNUNG IM SCHWARM

Friedfische, insbesondere diejenigen, die ihr Futter am Tage suchen müssen, haben nur dann reelle Chancen, ein normales Lebensalter zu erreichen, wenn sie sich zu kleinen Schwärmen zusammenschließen. Im Verband entkommen sie so manchem Feind, der sich bei ei-

nem Angriff nicht entscheiden kann, welchen der Fische er erbeuten soll. Raubfische werden durch das Schwarmverhalten ihrer Opfer irritiert, getäuscht und zu Fehlattacken verleitet. Allerdings erkennen Raubfische mit sicherem Instinkt, welches Schwarmmitglied alt oder krank ist. Vermutlich spüren sie es an der Schwimmweise und den verminderten Reaktionen. Auf diese leichte Beute konzentrieren sie sich dann. Die gesunden Fische verstecken sich gewissermaßen hinter der Hilflosigkeit von Alten und Kranken. Elritzen bevorzugen eine besondere Taktik: Die kleinen Schotterlaicher verwirren mit ihrem wilden Zickzack-Schwimmen im Verband sowohl Forellen, Saiblinge, Hechte als auch Quappen. Letztere holen sich ihre Beute deshalb vornehmlich durch Anschleichen in der Dämmerung.

Oben: Man muß zweimal hinsehen, um den kleinen Hecht zu entdecken, der offenbar gerade so einem größeren Räuber entrinnen konnte. Schmerzlich erinnert durch die Fleischwunde an seiner Seite, meidet er die Freiwasserzone.
Rechts: Unbeweglich wie ein Stück Holz lag dieser Hecht über eine Stunde am Grund, dann schwamm eine Rotfeder über den Wegelagerer hinweg und wurde zur Beute.

IM SCHATTEN DER NACHT

Nachtaktiv zu sein, bedeutet, daß man sein Futter oder seine Beute in der Dunkelheit suchen muß. Durch Tasten, Riechen, Wahrnehmen von Schwingungen und Wasserbewegungen. Doch nachts sind nicht nur friedliche Genossen unterwegs. Der schlimmste Nachtjäger ist der Waller. Wie eine Dampfwalze poltert er durch sein Revier und verschlingt, was ihm vor das riesige Maul gerät. Vor diesem Monster kann sich die Beute nur durch Flucht retten. Still liegen bleiben und sich nicht rühren, funktioniert perfekt am Tage, aber nicht bei den nachtaktiven Jägern.
Zu den lichtscheuen Elementen im See, die den Tag über bewegungslos am Boden liegen und erst bei Anbruch der Dämmerung ihre Beute suchen, gehören auch die Quappen. Besonders im Winter, wenn bei vielen Fischen die lange Ruhephase eintritt, überfallen die Süßwasser-Dorsche das schlafende Volk. Eingegrabene Fische spüren sie noch unter zentimeterdicken Schlammschichten auf.
Wer einmal nachts in großen Seen getaucht ist, wird bemerken, daß sich viele tagaktive Fische sogar ins Freiwasser wagen, weil sie sich dort vor den nachtaktiven Bodenjägern (Raubaale, Waller) sicher wähnen. Auch lösen sich in der Nacht alle Fischschwärme auf. So erbeuten die Freßfeinde immer nur Einzeltiere, können aber den sich im Morgengrauen wieder bildenden Schwarm in seiner Existenz nicht gefährden.

TARNKLEIDER

Tarnkleider dienen sowohl dem Angriff als auch der Verteidigung. Kleine Schleien bohren sich, wie ich oft beobachten konnte, mit dem Kopf in den Schlamm, sehen dann aus wie eine versunkene Wurzel. Kein Hecht käme auf die Idee, ein Stück Holz zu fressen. Überhaupt scheinen manche Fische die Vogel-Strauß-Methode zu lieben: Wenn sie nichts sehen, weil der Kopf im Moder oder in den Pflanzen steckt, glauben sie, daß sie selbst auch nicht zu sehen sind. Dieses Verhalten konnte ich sogar bei Wallern feststellen, obwohl diese von ihrer Größe her eigentlich keinen Feind mehr fürchten müßten.

***Linke Seite, oben:** Eine Todeszone für Fische, die hier gründeln wollen. Das Wallermaul saugt sie in Sekundenbruchteilen ein.*
***Linke Seite, unten:** Auch der Strömer tarnt sich in den Algen, wenn er eine Ruhepause einlegt.*
***Rechte Seite, oben:** Lauben schützen sich normalerweise im Schwarm. Einzeltiere verstecken sich aber gekonnt zwischen alten Blättern.*
***Mitte:** Forelle im Algenmantel. Insbesondere in der Nacht, wenn Aalrutten auf Jagd gehen, verkriechen sich viele Salmoniden in Algentürmen und zwischen Pflanzen.*
***Unten:** Obwohl Karpfen hochrückige Fische sind, die wenig zu befürchten haben, sind die Jungen oft so getarnt, daß man sie nur zufällig entdeckt.*

Ganz oben: Perfekte Tarnung einer Schleie. Mit dem freien Auge beobachtet sie genau die Umgebung.
Oben, links: Kleine Fische wie der Bitterling müssen ständig auf der Hut sein, sonst werden sie gefressen.
Rechts: Je kleiner, desto gefährlicher das Leben: In Forellengewässern rühren sich Groppen oft stundenlang nicht vom Fleck.

Karpfen verkriechen sich unter versunkenem Laub, Forellen suchen Deckung zwischen Steinen, Groppen kriechen zwischen Kiesel, Stichlinge und Moderlieschen verstecken sich zwischen Laichkräutern oder liegen unbeweglich auf den Blättern von Wasserplanzen. Beliebt sind Algentürme und algenüberzogener Seegrund. Wer sich hier niederläßt und sich nicht rührt, wird kaum entdeckt.
Eine Ausnahme bilden die Barben. Instinktiv suchen sie oft helle, irisierende Wasserflächen auf. Gelblicher Untergrund mit ockerfarbenem Kies oder Lichterspiele auf Schlamm sind ihre Lieblingsruheplätze. Legt sich hier eine gelblich weiße Barbe auf den Boden, verschmilzt sie mit dem Untergrund oft, daß man sie selbst als Taucher nur zufällig bemerkt. Woher wissen die Fische das nur? Ein Angler oder Naturfreund wird sie nur mit viel Glück entdecken, wenn sich der Sonnenstand ändert oder der Tarnkünstler sich bewegt. Selbst beim Schwimmen täuschen Barben noch ihre Feinde. Auf ihren Wanderungen bevorzugen sie an hellen, sonnenfreundlichen Tagen instinktiv die lichtdurchfluteten Stellen im Wasser. So kann der Fisch mit dem Mongolengesicht weite Strecken im Freiwasser schwimmen und sieht einem sich fortbewegenden Lichtbündel aus gelblichen Strahlen, das zeitweise völlig vor dem Hintergrund verschmilzt, sehr ähnlich.

Oben: Gründlinge sind Futterfische für größere Räuber. Entsprechend muß ihre Deckung am Tage sein.
Mitte: Barben sind raffinierte Tarnkünstler. Sie legen sich gemäß ihrer Schuppenfarbe bewußt in die Sonne und verschmelzen mit dem Untergrund.
Unten: Kaum zu entdecken im Spiel der Sonnenkringel, diese Barbe.

FRESSEN UND GEFRESSEN WERDEN

Der Große frißt den Kleinen, der Starke den Schwachen, der Listige den Unvorsichtigen. Unter der Oberfläche heimischer Gewässer spielt sich Tag für Tag ein dramatischer Überlebenskampf ab, in dem die Natur eine gnadenlose Auslese betreibt. Nur die Lebensfähigsten, Zähesten und Schlauesten bleiben am Leben und sichern so ihrer Art die genetisch besten Voraussetzungen für eine erfolgreiche Population.

Großes Foto: Diese Aalrutte hat den Mund ziemlich voll genommen, nicht wahr?
Linke Seite: Gefahr herrscht für Molche, wenn sie sich in Saiblingsgewässern paaren.
Rechts, oben: Vielleicht der Schlimmste von allen. Der vier bis fünf Zentimeter lange Gelbrandkäfer greift selbst Fische an, die viermal größer als er selbst sind. Als tödlicher Trittbrettfahrer reitet er auf seinen Opfern durch den See. Sogar kleine Hechte und Babywaller sind nicht vor ihm sicher.
Unten: Feinde lauern überall. Hier hat ein Wasserskorpion ein Moderlieschen erbeutet.

RÄUBERISCHE FRIEDFISCHE

Normalerweise müßten Friedfische, wie der Name bereits sagt, friedlich ihres Weges ziehen, hier und da ein Blatt ablutschen oder eine Pflanze fressen. Die Wirklichkeit sieht hingegen völlig anders aus. Einem Wurm wird es wohl ebensowenig gefallen, wenn er von einer Schleie geschluckt wird, wie einem Wasserkäfer, den ein großer Karpfen zwischen den Schlundzähnen zermalmt. Es kommt eben immer auf die Warte des Betrachters an...

Weshalb jedoch aus manchen Friedfischen waschechte Räuber werden, die sogar Jagd auf Artgenossen machen, ist definitiv noch ungeklärt. Es könnte sein, daß die meistens überdurchschnittliche Größe solcher Fische einen höheren Bedarf an Eiweiß zur Folge hat. Hechte, die in fischarmen Gewässern leben, wo eine ordentliche Beute nur sporadisch erlegt werden kann, bleiben kümmerlich klein, selbst noch nach Jahren. Die für das Wachstum erforderlichen Nährstoffe können bei echten Raubfischen nicht durch Schnecken, Wasserasseln und Käfer ersetzt werden.

Bei Friedfischen erlebt man häufig, daß sie sich schon bald nach dem Ablaichen

***Linke Seite, unten:* Selbst die friedliche Barbe schnappt sich gelegentlich einen kleinen Flußbarsch. *Linke Seite, oben:* Und hier hat sich ihre Schwester einen Rapfen geholt. *Rechts, oben:* Aale bewältigen erstaunlich große Beutefische. *Rechts, unten:* Mit zunehmendem Alter wird der Döbel ein Räuber, der unter Jungfischen gehörig aufräumt.**

Oben: In der Dämmerung werden Waller aktiv. Dies wurde dem Seesaibling zum Verhängnis.
Links: Der Größte im See verschlingt alles - Waller frißt Hecht!

über die frisch geschlüpfte Brut hermachen. Das Schaf wird zum reißenden Wolf, der nicht einmal den eigenen Nachwuchs schont.
Rapfen und Döbel, ausgewachsene Karpfen, große Brassen und kapitale Barben schrecken vor echter Fisch- und Amphibienjagd nicht zurück. Kleine Fische, Molche und Frösche werden von den angeblich "Friedlichen" gnadenlos gejagt. Auch echte kleinere Raubfische sind ihres Lebens nicht sicher, wenn ein Trupp großer, hungriger Döbel auf dem Kriegspfad ist.

RÄUBER UNTER SICH

Daß Räuber Friedfische fressen müssen, um zu überleben, ist nichts Neues. Die Jäger machen aber auch Jagd auf ihresgleichen. Hechte fressen Hechte - öfter als man denkt. Sie beißen sich gegenseitig die Flossen ab, fügen sich oft klaffende Wunden zu. Ursache wird wohl sein, daß Hechte sehr stark auf visuelle Reize reagieren, ganz besonders, wenn sie hungrig sind. Da verbeißt sich schon mal ein Angreifer in einem Artgenossen, den er beim besten Willen nicht schlucken kann. Nach wildem, heftigem Gerangel läßt er los, und der andere zieht mit Blessuren davon. In Seen, wo das Nahrungsangebot für Räuber beschränkt ist, weisen die Hechte oft Verletzungen und Narben auf, die aus solchen Kämpfen herrühren.

Kann der Hecht einen Zander überwältigen, zögert er keinen Augenblick. Umgekehrt aber auch. Beide Räuber leben nur dann in friedlicher Koexistenz, wenn sie größenmäßig nichts voneinander zu befürchten haben. Als klassischer Raubfisch macht der Hecht Jagd auf alles, was sich bewegt. Schleien, kleine Karpfen, Döbel, Hasel, Krebse, Molche, Frösche, Wasservögel, Ratten und Mäuse. Sogar kleine Waller verschlingt er. Mit denen hat er allerdings oft das Problem, daß sie sich aufblähen können und dann nicht mehr durch den Hechtrachen passen. Den Todeskampf eines Babywallers mit einem Hecht konnte ich gut 15 Minuten beobachten und fotografieren, weil der

Oben: Frißt du meinen Bruder, hol' ich mir deinen Nachwuchs - Hecht greift sich Babywaller.
Mitte: Zander packen sich gern kleinere Hechte.
Unten: Die Revanche ist ein Kampf auf Leben und Tod - Hecht frißt Zander.

Hecht Mühe hatte, den kleinen Wels so zu drehen, daß er mit dem Kopf zuerst in den Schlund rutschte.

Forellen - selbst erfolgreiche Jäger, denen Elritzen, Groppen, kleine Weißfische und zahllose Insekten zum Opfer fallen - sind nach meinen Beobachtungen fast chancenlos, wenn ein Hecht auftaucht. Die häufig an der Oberfläche jagenden Forellen pflückt der Hecht wie Äpfel vom Baum. Allerdings muß der erste Angriff erfolgreich sein, sonst macht ihm die Forelle eine Nase. Äschen und Forellen erbeutet ein Hecht nur mit ausgefeilter Jagdtechnik, bei der immer der Biß von unten kommen muß. Junghechte, die versuchen, Salmoniden von hinten zu greifen, scheitern kläglich - das konnte ich oft beobachten.

Vor buchstäblich nichts macht der Waller halt, selbst Seesaiblinge und Seeforellen, die normalerweise weitab vom Ufer stehen, werden seine Beute. Ebenso Hechte, Zander, Karpfen, Schleien, Aale und Wasservögel. Ab einer Größe von etwa einem Meter hat er außer dem Menschen keinen Feind mehr zu fürchten.

MAHLZEIT

Wie schnell der Freßvorgang abläuft, hängt in erster Linie von der Größe der Beutefische im Verhältnis zum Jäger ab. Zu große Beutetiere müssen unter

Linke Seite:* *Bachforelle auf dem Weg in den Hechtmagen. An solchen Brocken schluckt der Räuber schon mal 20 Minuten.
Oben:* *Ungünstiger Biß, aber nach drei Minuten hatte der Hecht sein Opfer paßgenau gedreht.
Links:* *Erfahrene Hechte packen die Beute am Kopf, denn dann kann sie kaum mehr entkommen. Diese Regenbogenforelle hat den Blitzangriff nicht überlebt.

Oben: Auch dieser Barsch hatte trotz seiner Stacheln gegen den Hecht nicht die Spur einer Chance. Rechts: Obwohl er selbst Lieblingsspeise vieler Jäger ist, gehört auch er zu den erfolgreichen Räubern - der Flußbarsch. Hier verdrückt er ein Rotauge. Unten: Kleine Barsche vergreifen sich gern an Moderlieschen. Rechte Seite: Aus für den Aal. Er schwamm am Tage durchs Kraut und landete im Maul des Hechtes.

Umständen wieder herausgewürgt werden. Kommt es ganz unglücklich für den Räuber, dann erstickt er an seinem Opfer. Barsche können sich mit ihren Rückenstacheln im Maul von Hecht oder Zander verhaken, ein vom Schwanz her verschlungener Fisch bleibt oftmals wegen der sich aufstellenden Flossen stecken. Ist er nicht zu groß, spuckt ihn der Jäger einfach wieder aus. In einem Extremfall - von mir beobachtet - war der Beutefisch sichtbar schon mit dem Kopf im Magen, als ihn der Hecht wieder losließ. Der noch lebende Fisch, ein Hasel, wand sich selbst aus dem Rachen und schwamm davon. Von den Magensäften und den Zähnen des Hechtes ziemlich böse mitgenommen und deshalb nicht im Vollbesitz seiner Kräfte, taumelte der bereits dem Tod entronnene Weißfisch genau einem anderen, etwas größeren Hecht über den Weg, der ihn dann mit zwei, drei Schlenkern des mächtigen Schädels verschlang.

Es erstaunt mich immer wieder, wie nah sich der Hecht an sein Opfer heranschleichen kann, ohne daß die tödliche Gefahr bemerkt wird: Ich konnte einen Hecht im Freiwasser fotografieren, der von einem Hasel überhaupt nicht beachtet wurde. Dann kam die Attacke des Räubers so blitzartig, daß der Hasel nicht mal mit der Schwanzflosse zucken konnte...

Futterneid unter Raubfischen ist nicht selten. Auch kommt es vor, daß sich zwei Hechte um ein und denselben

Linke Seite: Hat der Hecht im Kraut eine Beute geortet, steht er senkrecht in leicht bogenförmiger Haltung über dem Opfer. Explosionsartig erfolgt der Angriff, ohne Chance für das Opfer.
Oben, rechts: Gleich ist es um den Hasel geschehen - der Hecht fixiert seine Beute und spannt alle Muskeln an für die Attacke.
Mitte: Während der eine seine Beute verschlingt, schaut der andere neidisch zu...
Unten: Fische wie der Döbel werden vom Hecht ausschließlich in Lauerstellung erbeutet.

Links: Ein völlig absurder Angriff, denn dieser Brassen kann vom Hecht nie und nimmer gefressen werden. Ein Beweis, daß Hechte ausschließlich von Bewegungen gereizt werden und auch unsinnige Attacken fahren. Rechts, oben: Die Karausche blieb im Hechtrachen stecken, wurde wieder ausgespuckt und schwamm davon. Einfach unglaublich! Rechts, unten: An diesem Brocken hätte sich der Hecht jedoch fast verschluckt. Nach heftigem Schlagen mit dem Kopf würgte er schließlich die Rotfeder hinab.

Fisch balgen. Der eine verbeißt sich im Schwanz, der andere im Kopf. Fast immer muß der Kleinere von beiden weichen - sonst wird er mitverschlungen.
Nur selten zu dokumentieren sind Freßszenen von Fluß- und Sonnenbarschen, die ihre Opfer in einem Zuge hinunterschlingen. Das geht mitunter blitzschnell. Doch auch Barsche nehmen den Mund manchmal ziemlich voll und haben dann mit der Beute zu kämpfen. Den Kampf eines Raubaals mit einem Hecht konnte ich leider nicht fotografieren, weil der Film bereits voll war. Er spielte sich nachts in einem See ab, als der Aal auf Futtersuche an den Hecht geriet. Wie der Fight ausging, blieb ungewiß: Der Hecht hielt den Aal mit seinem mörderischen Gebiß unlösbar fest, doch dieser schlang seinen Schwanz um den Hals des Angreifers und schnürte diesem die Kiemen zu. So verschwanden beide um ihr Leben kämpfend in der dunklen Tiefe …

Linke Seite:* *Im Prinzip ist dem Hecht die Art und Weise des Freßvorgangs egal. Auch wenn er die Beute wieder ausspucken muß. Manche Räuber machen zwei oder drei Anläufe bis der Angriff richtig sitzt.
Rechte Seite:* *Die Schwanzflosse im Wasser, den Kopf bereits im Magen, eine Güster wird langsam vorverdaut, bis sie vollends verschwindet.

Linke Seite: Das Ende einer Güster im Wallerschlund.
Oben: Was die Hundszähne eines Zanders einmal gepackt haben, ist verloren. Wie diese kleine Rotfeder.
Rechts: Seinem Ruf als übler Räuber wird dieser Sonnenbarsch gerecht. Der kleine Hasel wurde in einem Zug geschluckt.

Oben: Herbert Frei auf Fotojagd in einem Bergsee. (Foto: Gilda Wüst)
Links: Auch ein Exote mischt beim Verteilungskampf mit. Dieser amerikanische Schwarzbarsch wurde in Bayern gesichtet.
Rechts: Es war nur eine kurze Bewegung, die den Fotografen nach oben schauen ließ. Seesaibling aus der Froschperspektive.

Das Fotografieren unter Wasser zählt zu den extremen und anspruchsvollen Fachgebieten der Fotografie. Nicht nur, daß man dazu ein gut ausgebildeter Taucher sein sollte. Mehr noch verlangen die ungewohnten Lichtverhältnisse und Umfeldeinflüsse Erfahrung und Geduld. Kameras und Blitzgeräte sind außerdem ein vielfaches teurer als Überwasser-Fotoausrüstungen.

FISCHJAGD MIT DER KAMERA

Der Hauptanteil aller UW-Aufnahmen entsteht im Meer, denn dort ist es - zumindest im Mittelmeerraum und in den Tropen - relativ klar und warm. Wer sich hingegen der Süßwasserfotografie verschreibt, braucht Ausdauer, warme Kleidung, viel Zeit, Kenntnisse in Limnologie (Wissenschaft von den Binnengewässern) und Verhaltensforschung. Er sollte auch das Glück haben, in einem Landesteil zu wohnen, wo die Gewässer klar und fischreich sind.
Als ich mich entschloß, ein Buch über die heimischen Fische zu machen, war mir nur vage bewußt, was das für eine Arbeit sein würde. Nicht von ungefähr ist dieser Bildband in Europa der erste, der diese schwierige Materie mit naturnahem Bildmaterial belegen kann.
Ohne die Hilfe von Freunden, Sportfischern und Süßwasserbiologen wäre dieses Buch nicht möglich gewesen. Denn nicht nur das Ablichten von Süßwasser-Fischen gehört wegen Kälte, Wassertrübheit und anderen Unwägbarkeiten zu den besonders anspruchsvollen Aufgaben eines UW-Fotografen. Noch schwieriger ist das Auffinden seltener, scheuer und im Freiwasser lebender Fische.
Einige Jahre bin ich für die abgedruckten Fotos im VW-Bus unterwegs gewesen, Sommer und Winter. Mehrere Trockentauchanzüge und viele Paar Handschuhe samt einiger Tauchmasken wurden in dieser Zeit verschlissen, Tausende von Aufnahmen habe ich dabei geschossen. Denn die Quote der brauchbaren und guten Süßwasseraufnahmen beträgt nur einen Bruchteil dessen, was man fotografisch aus tropischen Gefilden herausholt. Zeitweise waren acht bis zehn Kameraausrüstungen im Wert einer Luxuskarosse gleichzeitig im Einsatz, deren Wartungskosten im Laufe der Zeit wiederum in die Nähe des Preises für einen Kleinwagen rückten. An manchen Tagen war ich über fünf Stunden lang unter Wasser. Die Preßluftfüllungen der Tauchflaschen, die ich dabei

Linke Seite: Sternstunde eines Fotografenlebens: Tanz der Freier um die Braut. Eine Hechthochzeit, wie man sie nur alle 50 Jahre einmal sieht.
Oben: Begegnung im Strom. Sterlet auf der Wanderschaft in der Drau (Kärnten/Österreich). Augenblicke, die man nie vergißt.
Mitte: Ein ungebetener Gast in unseren Gewässern ist der eingeschleppte Zwergwels, der sich mit Vorliebe am Laich anderer Fische vergreift.
Unten: Einer der geheimnisvollsten Fische unserer Breiten, der Schwarzreuter. Diese Hungerform des Seesaiblings entdeckte der Autor in einem hochgelegenen Alpensee.

verbrauchte, gingen in die Hunderte.
Warum macht ein Mensch das? Ich denke, es ist die grenzenlose Begeisterung für die Wunderwelt im Lebensraum Süßwasser, in dem viele Fische leben, von denen es bis jetzt keine oder nur unzureichende Aufnahmen gab. Die Faszination der Unterwasserlandschaft anderen zu vermitteln, und damit auch ein wenig Nachdenken über unsere Verantwortung für diesen geheimnisvollen Bereich der Natur auszulösen - das ist für einen UW-Fotografen Pflicht und Ansporn zugleich.
Und die Zeit drängt. Etliche der heimischen Fischarten sind vom Aussterben bedroht, insbesondere die der Kleinfauna zugehörigen. Von vielen weiß man, sofern es sich nicht um Zucht- und begehrte Angelfische handelt, sehr wenig. In diesem Buch werden nun erstmalig auch Fotos seltener Fische, von Exoten und Einwanderern gezeigt. Ein Teil der Makrofotografien zeigt im Detail Vergrößerungen bis hin zum Maßstab 2:1, also doppelt so groß wie die Wirklichkeit. Muster, Augen, Schuppen und Hautgrafiken wie kein Taucher, Angler oder Naturfreund das Wunder Fisch je sehen kann. Die ergänzenden Fotos der UW-Landschaften, Pflanzen, Amphibien und Wasserinsekten entstanden sozusagen als untermalendes Beiwerk im Laufe von mehr als zwanzig Jahren Unterwasserfotografie.

Linke Seite: In der Traun (Salzkammergut/Österreich) kreuzte diese kapitale Aalrutte auf der Jagd nach Elritzen und Äschen den Weg des Fotografen.
Oben: Ein Bild wie ein Traum. Güster inmitten einer überschwemmten Wiese.
Mitte: Ein Schatten schälte sich aus dem Grün. Dann zog diese kapitale Äsche am Autor vorbei.
Unten: Man würde es nie erraten. Dies ist die Rückenflosse eines Hechtes. Solche Bilder zeigen, daß die Süßwasserfotografie vermutlich erst am Anfang steht.

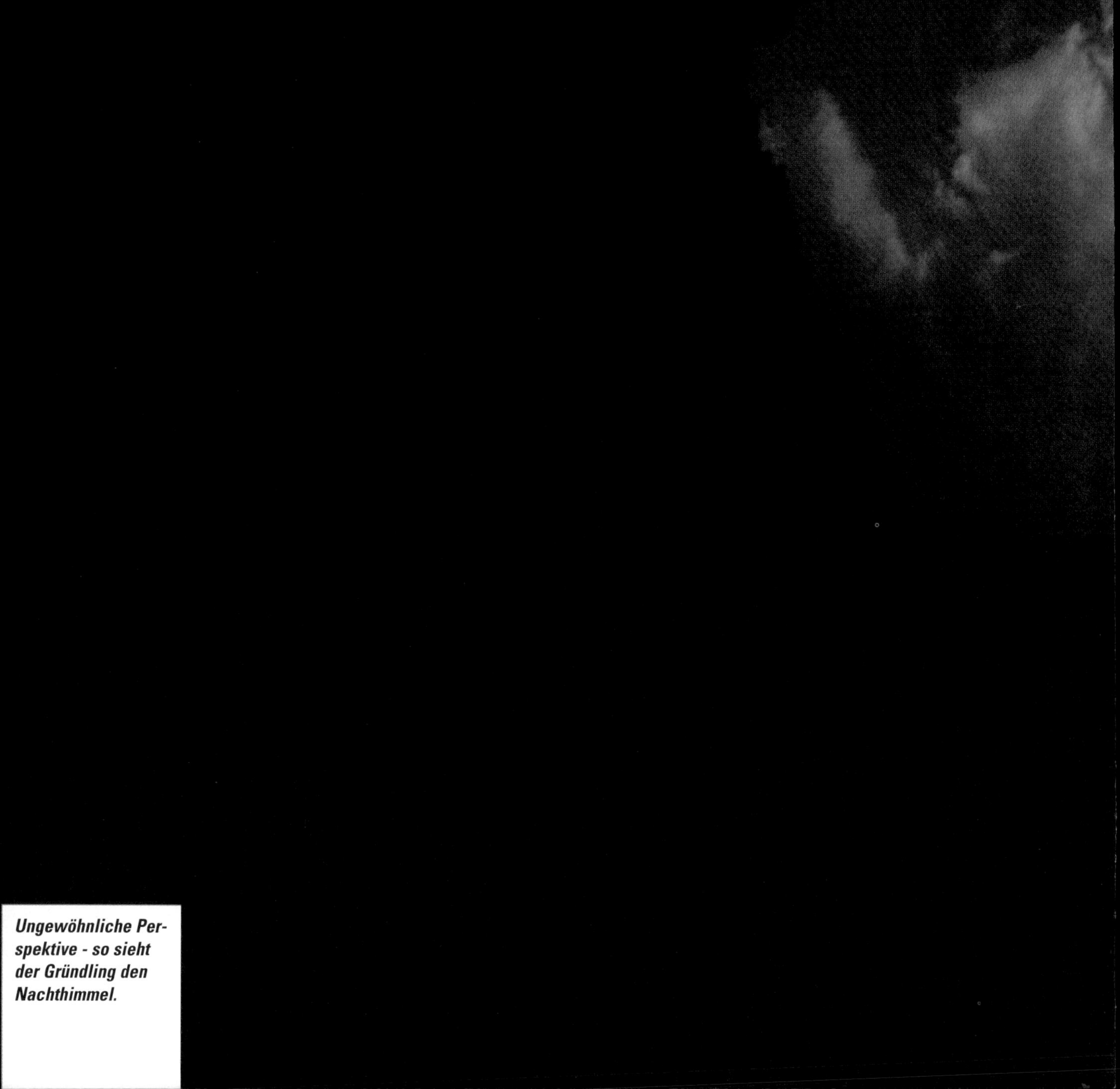

Ungewöhnliche Perspektive - so sieht der Gründling den Nachthimmel.

Für die Schleie sieht die Welt über Wasser so aus - für Fische sicherlich auch eine Welt der Wunder und Rätsel...